님께

하나님의 말씀을 드립니다.

년 월 일

드림

The Acts of the Apostles
Portions taken from *The Illustrated Children's Bible, ICB: Complete New Testament*

신약

개역개정판

사도행전

The ACTS of the Apostles

규장

일러두기

1. 내용

실제 성경 말씀 신약전서 개역개정 4판을 사용했습니다. 전장 전절을 표시하였고 단락별 소제목까지 실었습니다.

2. 구성

말풍선 인물들 간의 대화는 말풍선 안에 넣었기 때문에 누가 하는 말인지 명확히 알 수 있습니다.

3장

세례 요한의 전파

1 디베료 황제가 통치한 지 열다섯 해 곧 본디오 빌라도가 유대의 총독으로, 헤롯이 갈릴리의 분봉 왕으로, 그 동생 빌립이 이두래와 드라고닛 지방의 분봉 왕으로, 루사니아가 아빌레네의 분봉 왕으로, 2 안나스와 가야바가 대제사장으로 있을 때에 하나님의 말씀이 빈 들에서 사가랴의 아들 요한에게 임한지라 3 요한이 요단 강 부근 각처에 와서 죄 사함을 받게 하는 회개의 세례를 전파하니 4 선지자 이사야의 책에 쓴 바

광야에서 외치는 자의 소리가 있어 이르되 너희는 주의 길을 준비하라 그의 오실 길을 곧게 하라 5 모든 골짜기가 메워지고 모든 산과 작은 산이 낮아지고 굽은 것이 곧아지고 험한 길이 평탄하여질 것이요 6 모든 육체가 하나님의 구원하심을 보리라 함과 같으니라
사 40:3-5

지문 성경 말씀 중 대화가 아닌 내용은 사각박스 안에 넣어 구분했습니다.

서판 신약의 본문 중 구약 성경을 인용한 부분은 오래된 양피지 모양의 박스 안에 구약의 책 이름과 장절을 밝혀 별도로 표시했습니다.

57 길 가실 때에 어떤 사람이 여짜오되

어디로 가시든지 나는 따르리이다

되 인자는 머리 둘 곳이 없도다 하시고

9:54 우리가 불을 명하여 일부 헬라어 사본들에는 "우리가 엘리야가 했듯이 불을 명하여"라고 되어 있다.
9:55,56 꾸짖으시고 함께 다른 마을로 '꾸짖으시고' 다음에 일부 헬라어 사본들에는 "말씀하시기를 너희는 너희가 어떤 영에 속해 있는지를 모르는구나. 인자는 사람들의 영혼을 멸하기 위해 오지 않고 구원하기 위해 왔노라 하시고"라고 기록되어 있다.

각주 일부 페이지 하단에 각주가 나옵니다. 해당 단어나 구(句)에 대한 설명 및 구절 인용 정보 등을 더 얻을 수 있습니다.

배경 그림 그림을 통해 등장인물의 구체적인 행동과 특정 구절의 상황을 빠르게 이해할 수 있습니다. 예를 들면 누가 말하는 것인지, 하루 중 어느 때 일어난 사건인지, 집안에서 일어난 일인지 아니면 집 밖에서 일어난 일인지, 주변에 누가 있었는지, 1세기 이스라엘의 생활풍습 등 좀 더 구체적인 큰 그림을 연상할 수 있도록 도와줍니다.

배경 지도 신약시대의 세계라 할 수 있는 팔레스타인 지역과 지중해 연안 지도, 아시아의 일곱 교회가 있었던 지금의 터키 지역 등 구체적인 이해를 돕는 지도가 있습니다.

1장

2장

3장

4장

5장

차례

13장

14장

15장

16장

17장

24장

25장

26장

27장

28장

신약
개역개정판
사도행전
The ACTS
of the Apostles

예루살렘을 떠나
지 말고 내게서 들
은 바 아버지께서
약속하신 것을 기
다리라 5 요한은
물로 세례를 베풀
었으나 너희는 몇
날이 못되어 성령
으로 세례를 받으
리라 하셨느니라

예수께서 하늘로 올려지시다

6 그들이 모였
을 때에 예수께
여쭈어 이르되

주께서 이스라엘 나라를 회
복하심이 이 때니이까 하니

7 이르시되

때와 시기는 아버지께서 자기의 권
한에 두셨으니 너희가 알 바 아니요

11 이르되

갈릴리 사람들아 어찌하여 서서 하늘을
쳐다보느냐 너희 가운데서 하늘로 올려
지신 이 예수는
하늘로 가심을
본 그대로 오시
리라 하였느니라

유다 대신에 맛디아를 세우다

12 제자들이 감람원이라 하는 산으로부터 예
루살렘에 돌아오니 이 산은 예루살렘에서 가
까워 안식일에 가기 알맞은 길이라 13 들어
가 그들이 유하는 다락방으로 올라가니

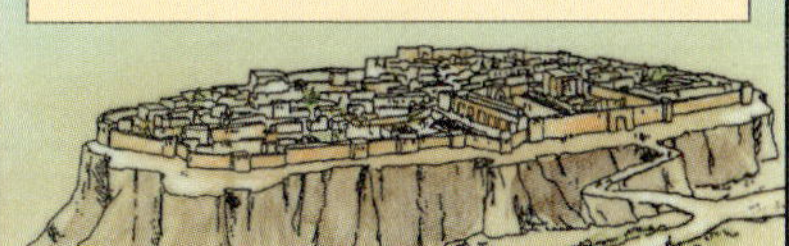

베드로, 요한, 야고보, 안드레와 빌립, 도마와 바
돌로매, 마태와 및 알패오의 아들 야고보, 셀롯인
시몬, 야고보의 아들 유다가 다 거기 있어

14 여자들과 예
수의 어머니 마
리아와 예수의
아우들과 더불
어 마음을 같이
하여 오로지 기
도에 힘쓰더라

15 모인 무리의 수가 약
백이십 명이나 되더라 그
때에 베드로가 그 형제들
가운데 일어서서 이르되

16 형제들아 성령이 다윗의
입을 통하여 예수 잡는 자
들의 길잡이가 된 유다를
가리켜 미리 말씀하신 성경
이 응하였으니 마땅하도다
17 이 사람은 본래 우리 수
가운데 참여하여 이 직무의
한 부분을 맡았던 자라

18 (이 사람이 불의의 삯으
로 밭을 사고 후에 몸이 곤
두박질하여 배가 터져 창
자가 다 흘러 나온지라

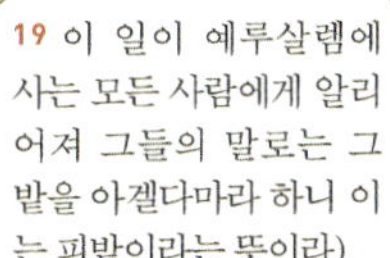

19 이 일이 예루살렘에
사는 모든 사람에게 알리
어져 그들의 말로는 그
밭을 아겔다마라 하니 이
는 피밭이라는 뜻이라)

20 시편에 기록하였으되
그의 거처를 황폐하게 하시
며 거기 거하는 자가 없게
하소서 하였고 시 69:25
또 일렀으되
그의 직분을 타인이 취하게
하소서 하였도다 시 109:8
21 이러하므로 요한의 세례로부
터 우리 가운데서 올려져 가신
날까지 주 예수께서 우리 가운데
출입하실 때에 22 항상 우리와
함께 다니던 사람 중에 하나를
세워 우리와 더불어 예수께서 부
활하심을 증언할 사람이 되게 하
여야 하리라 하거늘

23 그들이 두 사람을 내세우니
하나는 바사바라고도 하고 별명
은 유스도라고 하는 요셉이요
하나는 맛디아라

24 그들이 기도하여 이르되
뭇 사람의 마음을 아시
는 주여 이 두 사람 중에
누가 주님께 택하신 바
되어 25 봉사와 및 사도
의 직무를 대신할 자인
지를 보이시옵소서 유다
는 이 직무를 버리고 제
곳으로 갔나이다 하고

요셉
맛디아

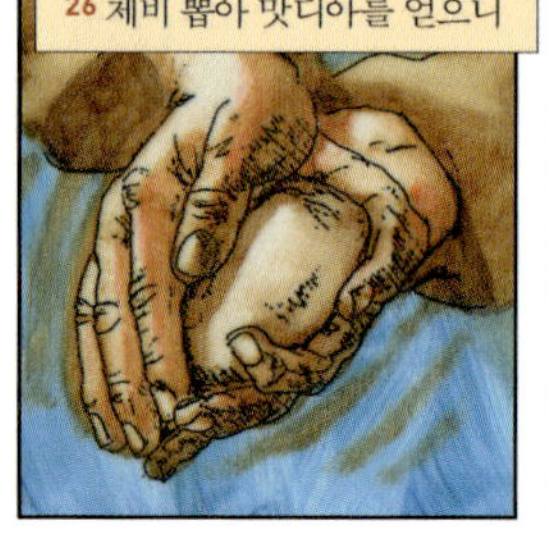
26 제비 뽑아 맛디아를 얻으니

맛디아
그가 열한 사도의
수에 들어가니라

2장
성령이 임하시다

1 오순절 날이 이미 이르매 그들이 다같
이 한 곳에 모였더니 2 홀연히 하늘로부
터 급하고 강한 바람 같은 소리가 있어 그
들이 앉은 온 집에 가득하며 3 마치 불의
혀처럼 갈라지는 것들이 그들에게 보여
각 사람 위에 하나씩 임하여 있더니

4 그들이 다 성령의 충만함을 받고 성
령이 말하게 하심을 따라 다른 언어들
로 말하기를 시작하니라

5 그 때에 경건한 유대인
들이 천하 각국으로부터
와서 예루살렘에 머물러
있더니 6 이 소리가 나매
큰 무리가 모여 각각 자
기의 방언으로 제자들이
말하는 것을 듣고 소동하
여 7 다 놀라 신기하게
여겨 이르되

보라 이 말하는 사람들이
다 갈릴리 사람•이 아니냐

8 우리가 우리 각 사람이 난
곳 방언으로 듣게 되는 것이
어찌 됨이냐

9 우리는 바대인과 메대인과 엘람
인과 또 메소보다미아, 유대와 갑바
도기아, 본도와 아시아, 10 브루기
아와 밤빌리아, 애굽과 및 구레네에
가까운 리비야 여러 지방에 사는 사
람들과 로마로부터 온 나그네 곧 유
대인과 유대교에 들어온 사람들과
11 그레데인과 아라비아인들이라
우리가 다 우리의 각 언어로 하나님
의 큰 일을 말함을 듣는도다 하고

12 다 놀라며 당황하여 서로 이르되

이 어찌 된 일이냐 하며

13 또 어떤 이들은 조롱하여 이르되

그들이 새 술에 취하였다 하더라

베드로의 오순절 설교

14 베드로가 열한 사도와 함께 서서 소리를 높여 이르되

유대인들과 예루살렘에 사는 모든 사람들아 이 일을 너희로
알게 할 것이니 내 말에 귀를 기울이라 15 때가 제 삼 시니
너희 생각과 같이 이 사람들이 취한 것이 아니라

2:7 다 갈릴리 사람 사람들은 갈릴리 사람들이 오직 그들의 언어만을 할 줄 알 것이라고 생각했다.

사도행전 2:16-36

16 이는 곧 선지자 요엘을 통하
여 말씀하신 것이니 일렀으되

17 하나님이 말씀하시기를 말세
에 내가 내 영을 모든 육체에 부
어 주리니 너희의 자녀들은 예언
할 것이요 너희의 젊은이들은 환
상을 보고 너희의 늙은이들은 꿈
을 꾸리라 18 그 때에 내가 내 영
을 내 남종과 여종들에게 부어
주리니 그들이 예언할 것이요
19 또 내가 위로 하늘에서는 기사
를 아래로 땅에서는 징조를 베풀
리니 곧 피와 불과 연기로다 20
주의 크고 영화로운 날이 이르기
전에 해가 변하여 어두워지고 달
이 변하여 피가 되리라 21 누구
든지 주의 이름을 부르는 자는
구원을 받으리라 하였느니라
욜 2:28-32

22 이스라엘 사람들아 이 말
을 들으라 너희도 아는 바와
같이 하나님께서 나사렛 예
수로 큰 권능과 기사와 표적
을 너희 가운데서 베푸사 너
희 앞에서 그를 증언하셨느
니라 23 그가 하나님께서 정
하신 뜻과 미리 아신 대로 내
준 바 되었거늘

너희가 법 없는 자들의 손을 빌
려 못 박아 죽였으나 24 하나
님께서 그를 사망의 고통에서
풀어 살리셨으니 이는 그가 사
망에 매여 있을 수 없었음이라
25 다윗이 그를 가리켜 이르되

내가 항상 내 앞에 계신 주를 뵈었음이여 나
로 요동하지 않게 하기 위하여 그가 내 우편
에 계시도다 26 그러므로 내 마음이 기뻐하
였고 내 혀도 즐거워하였으며 육체도 희망에
거하리니 27 이는 내 영혼을 음부에 버리지
아니하시며 주의 거룩한 자로 썩음을 당하지
않게 하실 것임이로다 28 주께서 생명의 길
을 내게 보이셨으니 주 앞에서 내게 기쁨이
충만하게 하시리로다 하였으므로 시 16:8-11

29 형제들아 내가 조상 다윗에 대하여 담대히 말할 수 있노니
다윗이 죽어 장사되어 그 묘가 오늘까지 우리 중에 있도다 30
그는 선지자라 하나님이 이미 맹세하사 그 자손 중에서 한 사
람을 그 위에 앉게 하리라 하심을 알고* 31 미리 본 고로 그리
스도의 부활을 말하되 그가
음부에 버림이 되지 않고 그
의 육신이 썩음을 당하지 아
니하시리라 하더니

32 이 예수를 하나님이 살리신
지라 우리가 다 이 일에 증인
이로다 33 하나님이 오른손으
로 예수를 높이시매 그가 약속
하신 성령을 아버지께 받아서
너희가 보고 듣는 이것을 부어
주셨느니라 34 다윗은 하늘에
올라가지 못하였으나 친히 말
하여 이르되

주께서 내 주에게 말씀하시기를 35
내가 네 원수로 네 발등상이 되게 하
기까지* 너는 내 우편에 앉아 있으라
하셨도다 하였으니 시 110:1

36 그런즉 이스라엘 온 집은 확실히 알지니 너
희가 십자가에 못 박은 이 예수를 하나님이
주와 그리스도가 되게 하셨느니라 하니라

2:30 하나님이 이미 … 한 사람을 그 위에 앉게 하리라 하심을 알고 사무엘하 7장 13절과 시편 132편 11절을 참조하라.
2:35 내가 네 원수로 네 발등상이 되게 하기까지 이것은 직역이다. "내가 네 원수를 네 지배 아래에 둘 때까지"라고 번역될 수도 있다.

믿는 사람이 모든 물건을 통용하다

2:42 **떡을 떼며** 이것은 46절에 기록된 것 같은 보통 식사를 의미할 수도 있고 아니면 예수님께서 그분의 제자들에게 행하라고 말씀하신 성찬을 의미할 수도 있다. 주님은 성찬이라는 특별한 식사를 통해 그분을 기억하라고 말씀하셨다(눅 22:14-20).

3장

베드로와 요한이 못 걷게 된 이를 고치다

1 제 구 시 기도 시간에 베드로
와 요한이 성전에 올라갈새 2
나면서 못 걷게 된 이를 사람들
이 메고 오니 이는 성전에 들어
가는 사람들에게 구걸하기 위하
여 날마다 미문이라는 성전 문
에 두는 자라 3 그가 베드로와
요한이 성전에 들어가려 함을
보고 구걸하거늘 4 베드로가 요
한과 더불어 주목하여 이르되

5 그가 그들에
게서 무엇을 얻
을까 하여 바라
보거늘

6 베드로가 이르되

은과 금은 내게 없거니와 내게 있는 이것을 네게 주노니 나사렛 예수 그리스도의 이름으로 일어나 걸으라 하고

7 오른손을 잡아
일으키니

발과 발목이 곧 힘을 얻고 8 뛰
어 서서 걸으며

그들과 함께 성전으로 들어가면서 걷기도 하고 뛰기도 하며 하나님을 찬송하니

9 모든 백성이 그 걷는 것과 하
나님을 찬송함을 보고 10 그가
본래 성전 미문에 앉아 구걸하
던 사람인 줄 알고 그에게 일
어난 일로 인하여 심히 놀랍게
여기며 놀라니라

베드로가 솔로몬의 행각에서 설교하다

11 나은 사람이 베드로와
요한을 붙잡으니 모든 백
성이 크게 놀라며 달려 나
아가 솔로몬의 행각이라
불리우는 행각에 모이거
늘 12 베드로가 이것을
보고 백성에게 말하되

이스라엘 사람들아 이 일을 왜
놀랍게 여기느냐 우리 개인의 권
능과 경건으로 이 사람을 걷게
한 것처럼 왜 우리를 주목하느냐
13 아브라함과 이삭과 야곱의 하
나님 곧 우리 조상의 하나님이
그의 종 예수를 영화롭게 하셨느
니라 너희가 그를 넘겨 주고 빌
라도가 놓아 주기로 결의한 것을
너희가 그 앞에서 거부하였으니

3:14 살인한 사람 바라바를 가리킨다. 유대인들은 예수님 대신에 바라바를 놓아달라고 빌라도에게 요구했다(눅 23:18).
3:22,23 주 하나님이 … 멸망 받으리라 신 18:15,19 인용
3:25 땅 위의 … 복을 받으리라 창 22:18 ; 26:24 인용

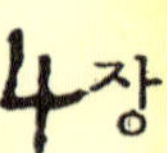

베드로와 요한이 공회 앞에 서다

1 사도들이 백성에게 말할
때에 제사장들과 성전 맡은
자와 사두개인들이 이르러
2 예수 안에 죽은 자의 부활
이 있다고 백성을 가르치고
전함을 싫어하여

3 그들을 잡으매 날이 이
미 저물었으므로 이튿날
까지 가두었으나 4 말씀
을 들은 사람 중에 믿는 자
가 많으니 남자의 수가 약
오천이나 되었더라

5 이튿날 관리
들과 장로들과
서기관들이 예
루살렘에 모였
는데

6 대제사장 안나스와 가야바와 요한과 알렉
산더와 및 대제사장의 문중이 다 참여하여

11 이 예수는

너희 건축자들의 버린 돌•로서 집 모퉁이의 머릿돌이 되었느니라 시 118:22

12 다른 이로써는 구원을 받을 수 없나니 천하 사람 중에 구원을 받을 만한 다른 이름을 우리에게 주신 일이 없음이라 하였더라

4:11 건축자들의 버린 돌 예수님을 가리키는 상징

21 관리들이 백성들 때문에 그들을 어떻게 처벌할지 방
법을 찾지 못하고 다시 위협하여 놓아 주었으니 이는 모
든 사람이 그 된 일을 보고 하나님께 영광을 돌림이라
22 이 표적으로 병 나은 사람은 사십여 세나 되었더라

한마음으로 하나님께 기도하다

23 사도들이 놓이
매 그 동료에게 가
서 제사장들과 장
로들의 말을 다 알
리니 24 그들이
듣고 한마음으로
하나님께 소리를
높여 이르되

어찌하여 열방이 분노하며
족속들이 허사를 경영하였
는고 26 세상의 군왕들이
나서며 관리들이 함께 모여
주와 그의 그리스도를 대적
하도다 하신 이로소이다

시 2:1,2

27 과연 헤롯과 본디오 빌라도는
이방인과 이스라엘 백성과 합세
하여 하나님께서 기름 부으신 거
룩한 종 예수를 거슬러 28 하나
님의 권능과 뜻대로 이루려고 예
정하신 그것을 행하려고 이 성에
모였나이다 29 주여 이제도 그
들의 위협함을 굽어보시옵고 또
종들로 하여금 담대히 하나님의
말씀을 전하게 하여 주시오며

30 손을 내밀어 병을 낫게 하
시옵고 표적과 기사가 거룩
한 종 예수의 이름으로 이루
어지게 하옵소서 하더라

31 빌기를 다하매 모인 곳이 진동하
더니 무리가 다 성령이 충만하여 담
대히 하나님의 말씀을 전하니라

물건을 서로 통용하다

32 믿는 무리가 한마음과 한 뜻이 되어 모든
물건을 서로 통용하고 자기 재물을 조금이
라도 자기 것이라 하는 이가 하나도 없더라
33 사도들이 큰 권능으로 주 예수의 부활을
증언하니 무리가 큰 은혜를 받아 34 그 중에
가난한 사람이 없으니 이는 밭과 집 있는 자
는 팔아 그 판 것의 값을 가져다가

35 사도들의 발 앞에 두매 그들이
각 사람의 필요를 따라 나누어 줌
이라 36 구브로에서 난 레위족 사
람이 있으니 이름은 요셉이라 사
도들이 일컬어 바나바라(번역하
면 위로의 아들이라) 하니 37 그
가 밭이 있으매 팔아 그 값을 가
지고 사도들의 발 앞에 두니라

5장

아나니아와 삽비라

1 아나니아라 하는 사
람이 그의 아내 삽비라
와 더불어 소유를 팔아
2 그 값에서 얼마를 감
추매 그 아내도 알더라
얼마만 가져다가 사도
들의 발 앞에 두니

3 베드로가 이르되
아나니아야 어찌하여 사탄이 네 마음에 가득하여 네가 성령을 속이고 땅 값 얼마를 감추었느냐
4 땅이 그대로 있을 때에는 네 땅이 아니며 판 후에도 네 마음대로 할 수가 없더냐
어찌하여 이 일을 네 마음에 두었느냐 사람에게 거짓말한 것이 아니요 하나님께로다
5 아나니아가 이 말을 듣고 엎드러져 혼이 떠나니
이 일을 듣는 사람이 다 크게 두려워하더라 6 젊은 사람들이 일어나 시신을 싸서 메고 나가 장사하니라
7 세 시간쯤 지나 그의 아내가 그 일어난 일을 알지 못하고 들어오니 8 베드로가 이르되
그 땅 판 값이 이것뿐이냐 내게 말하라 하니
이르되
예 이것뿐이라 하더라

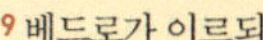

사도들이 표적을 일으키다

사도행전 5:17－27

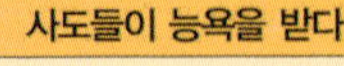
사도들이 능욕을 받다

17 대제사장과 그와 함께 있는 사람 즉 사두개인의 당파가 다 마음에 시기가 가득하여 일어나서

18 사도들을 잡아다가 옥에 가두었더니

19 주의 사자가 밤에 옥문을 열고 끌어내어 이르되
20 가서 성전에 서서 이 생명의 말씀을 다 백성에게 말하라 하매

21 그들이 듣고 새벽에 성전에 들어가서 가르치더니

대제사장과 그와 함께 있는 사람들이 와서 공회와 이스라엘 족속의 원로들을 다 모으고 사람을 옥에 보내어 사도들을 잡아오라 하니 22 부하들이 가서 옥에서 사도들을 보지 못하고 돌아와 23 이르되
우리가 보니 옥은 든든하게 잠기고 지키는 사람들이 문에 서 있으되 문을 열고 본즉 그 안에는 한 사람도 없더이다 하니

24 성전 맡은 자와 제사장들이 이 말을 듣고 의혹하여 이 일이 어찌 될까 하더니 25 사람이 와서 알리되
보소서 옥에 가두었던 사람들이 성전에 서서 백성을 가르치더이다 하니
26 성전 맡은 자가 부하들과 같이 가서 그들을 잡아 왔으나 강제로 못함은 백성들이 돌로 칠까 두려워함이더라 27 그들을 끌어다가 공회 앞에 세우니 대제사장이 물어

28 이르되
우리가 이 이름으로 사람을 가르치지 말라고 엄금하였으되

너희가 너희 가르침을 예루살렘에 가득하게 하니 이 사람의 피를 우리에게로 돌리고자 함이로다

29 베드로와 사도들이 대답하여 이르되
사람보다 하나님께 순종하는 것이 마땅하
니라 30 너희가 나무에 달아 죽인 예수를
우리 조상의 하나님이 살리시고 31 이스
라엘에게 회개함과 죄 사함을 주시려고
그를 오른손으로 높이사 임금과 구주로
삼으셨느니라 32 우리는 이 일에 증인이
요 하나님이 자기에게 순종하는 사람들에
게 주신 성령도 그러하니라 하더라

33 그들이 듣고 크게 노하여 사도들을 없이하고자 할새
34 바리새인 가말리엘은 율법교사로 모든 백성에게 존경을 받는 자라 공회 중에 일어나 명하여 사도들을 잠깐 밖에 나가게 하고

35 말하되
이스라엘 사람들아 너희가 이
사람들에게 대하여 어떻게 하려
는지 조심하라 36 이 전에 드다
가 일어나 스스로 선전하매 사
람이 약 사백 명이나 따르더니
그가 죽임을 당하매 따르던 모
든 사람들이 흩어져 없어졌고

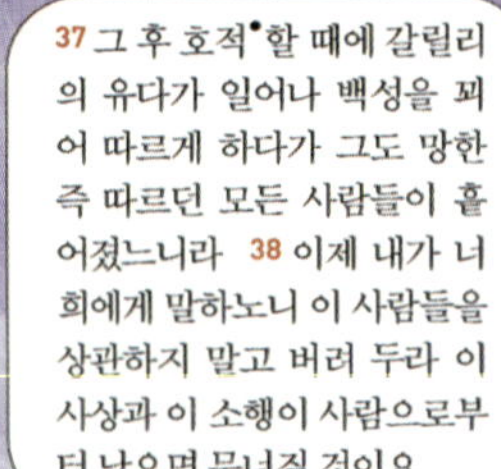

40 그들이 옳게 여
겨 사도들을 불러
들여 채찍질하며
예수의 이름으로
말하는 것을 금하
고 놓으니

41 사도들은 그 이름을 위하여 능욕
받는 일에 합당한 자로 여기심을 기
뻐하면서 공회 앞을 떠나니라

42 그들이 날마다
성전에 있든지 집에
있든지 예수는 그리
스도라고 가르치기
와 전도하기를 그치
지 아니하니라

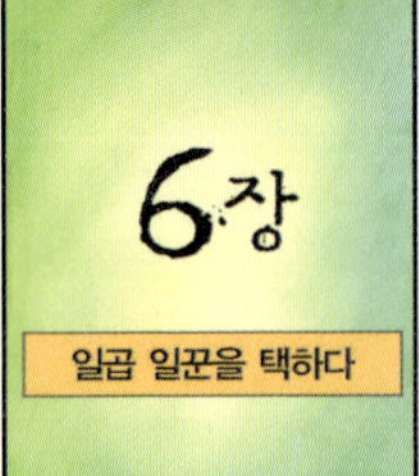

1 그 때에 제자가 더 많아
졌는데 헬라파 유대인들
이 자기의 과부들이 매일
의 구제에 빠지므로 히브
리파 사람을 원망하니

5:37 호적 인구조사. 사람들과 그들의 재산을 조사하는 것

2 열두 사도가 모든 제자를 불러 이르되

우리가 하나님의 말씀을 제처 놓고 접대를 일삼는 것이 마땅하
지 아니하니 3 형제들아 너희 가운데서 성령과 지혜가 충만하여
칭찬 받는 사람 일곱을 택하라 우리가 이 일을 그들에게 맡기고
4 우리는 오로지 기도하는 일과 말씀 사역에 힘쓰리라 하니

5 온 무리가 이 말을 기뻐하여 믿음
과 성령이 충만한 사람 스데반과
또 빌립•과 브로고로와 니가노르
와 디몬과 바메나와 유대교에 입교
했던 안디옥 사람 니골라를 택하여

6 사도들 앞에 세우니 사
도들이 기도하고 그들에
게 안수하니라• 7 하나님
의 말씀이 점점 왕성하여
예루살렘에 있는 제자의
수가 더 심히 많아지고 허
다한 제사장의 무리도 이
도에 복종하니라

스데반이 잡히다

8 스데반이 은혜와 권능이 충만하
여 큰 기사와 표적을 민간에 행하니

9 이른 바 자유민들• 즉 구레
네인, 알렉산드리아인, 길리
기아와 아시아에서 온 사람
들의 회당에서 어떤 자들이
일어나 스데반과 더불어 논
쟁할새 10 스데반이 지혜와
성령으로 말함을 그들이 능
히 당하지 못하여 11 사람들
을 매수하여 말하게 하되

6:5 **빌립** 사도 빌립과는 다른 사람이다.
6:6 **안수하니라** 여기서 안수는 이 일곱 사람에게 하나님의 특별한 일이 맡겨졌다는 것을 말해주었다.
6:9 **자유민들** 자신이 노예였거나 또는 조상이 노예였다가 이제는 자유로운 몸이 된 유대인들

12 백성과 장로와 서기관들을 충동시켜 와서 잡아가지고 공회에 이르러 13 거짓 증인들을 세우니 이르되

이 사람이 이 거룩한 곳과 율법을 거슬러 말하기를 마지 아니하는도다 14 그의 말에 이 나사렛 예수가 이 곳을 헐고 또 모세가 우리에게 전하여 준 규례를 고치겠다 함을 우리가 들었노라 하거늘

15 공회 중에 앉은 사람들이 다 스데반을 주목하여 보니 그 얼굴이 천사의 얼굴과 같더라

7장

스데반이 설교하다

우리 조상 아브라함이 하란에 있기 전 메소보다미아에 있을 때에 영광의 하나님이 그에게 보여 3 이르시되 네 고향과 친척을 떠나 내가 네게 보일 땅으로 가라* 하시니

7:3 네 고향과 … 땅으로 가라 창 12:1 인용

7:6,7 그 후손이 … 나를 섬기리라 창 15:13,14 과 출 3:12 인용
7:8 열두 조상 유대인들의 중요한 조상들로서 유대 열두 지파의 지도자들이었다.

11 그 때에 애굽과 가나안 온 땅에 흉년이
들어 큰 환난이 있을새 우리 조상들이 양식
이 없는지라 12 야곱이 애굽에 곡식 있다
는 말을 듣고 먼저 우리 조상들을 보내고

13 또 재차 보내매 요셉이 자기 형제들
에게 알려지게 되고 또 요셉의 친족이
바로에게 드러나게 되니라 14 요셉이
사람을 보내어 그의 아버지 야곱과 온
친족 일흔다섯 사람을 청하였더니 15
야곱이 애굽으로 내려가 자기와 우리 조
상들이 거기서 죽고 16 세겜으로 옮겨
져 아브라함이 세겜 하몰의 자손에게서
은으로 값 주고 산 무덤에 장사되니라
17 하나님이 아브라함에게 약속하신 때
가 가까우매 이스라엘 백성이 애굽에서
번성하여 많아졌더니 18 요셉을 알지
못하는 새 임금이 애굽 왕위에 오르매
19 그가 우리 족속에게 교활한 방법을
써서 조상들을 괴롭게 하여 그 어린 아
이들을 내버려 살지 못하게 하려 할새

20 그 때에 모세가 났는
데 하나님 보시기에 아름
다운지라 그의 아버지의
집에서 석 달 동안 길리
더니 21 버려진 후에 바
로의 딸이 그를 데려다
가 자기 아들로 기르매

7:27,28 누가 너를 … 또 나를 죽이려느냐 출 2:14 인용
7:32 나는 … 하나님이라 출 3:6 인용

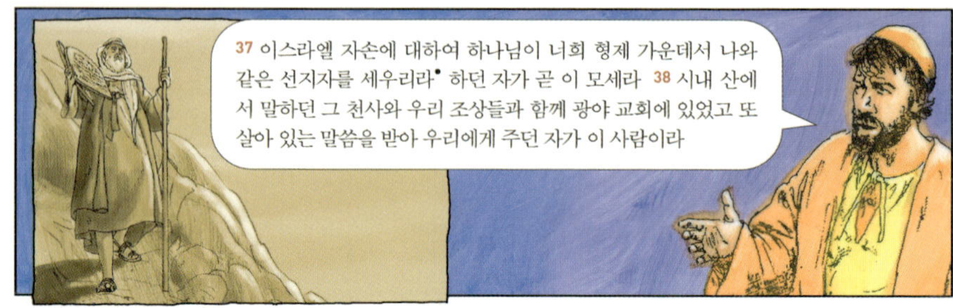

7:33,34 네 발의 신을 … 애굽으로 보내리라 출 3:5-10 인용
7:37 하나님이 … 선지자를 세우리라 신 18:15 인용

7:40 **우리를 인도할 … 알지 못하노라** 출 32:1 인용

7:46 **야곱의 집을 … 준비하게 하여 달라고** 이것이 일부 헬라어 사본들에서는 "야곱의 하나님을 위하여 집을 짓게 하여 달라고"로 기록되어 있다. '야곱의 집'은 이스라엘 민족을 의미한다.

스데반이 순교하다

54 그들이 이 말을 듣고 마
음에 찔려 그를 향하여 이를
갈거늘 55 스데반이 성령
충만하여 하늘을 우러러 주
목하여 하나님의 영광과 및
예수께서 하나님 우편에 서
신 것을 보고

56 말하되
보라 하늘이 열리고 인자가 하나
님 우편에 서신 것을 보노라 한대

57 그들이 큰 소리
를 지르며 귀를
막고 일제히 그에
게 달려들어

58 성 밖으로 내치고 돌로 칠새

증인들이 옷을
벗어 사울이라
하는 청년의
발 앞에 두니
라 59 그들이
돌로 스데반
을 치니 스데
반이 부르짖
어 이르되

주 예수여 내
영혼을 받으시
옵소서 하고

60 무릎을 꿇고 크게 불러 이르되
주여 이 죄를 그들에게 돌리지 마옵소서
이 말을 하고 자니라

8장
1 사울은 그가 죽임 당함을 마땅히 여기더라

사울이 교회를 박해하다
그 날에 예루살렘에 있는 교회에 큰 박해가 있어 사도 외에는 다 유대와 사마리아 모든 땅으로 흩어지니라

2 경건한 사람들이 스데반을 장사하고 위하여 크게 울더라 3 사울이 교회를 잔멸할새 각 집에 들어가 남녀를 끌어다가 옥에 넘기니라

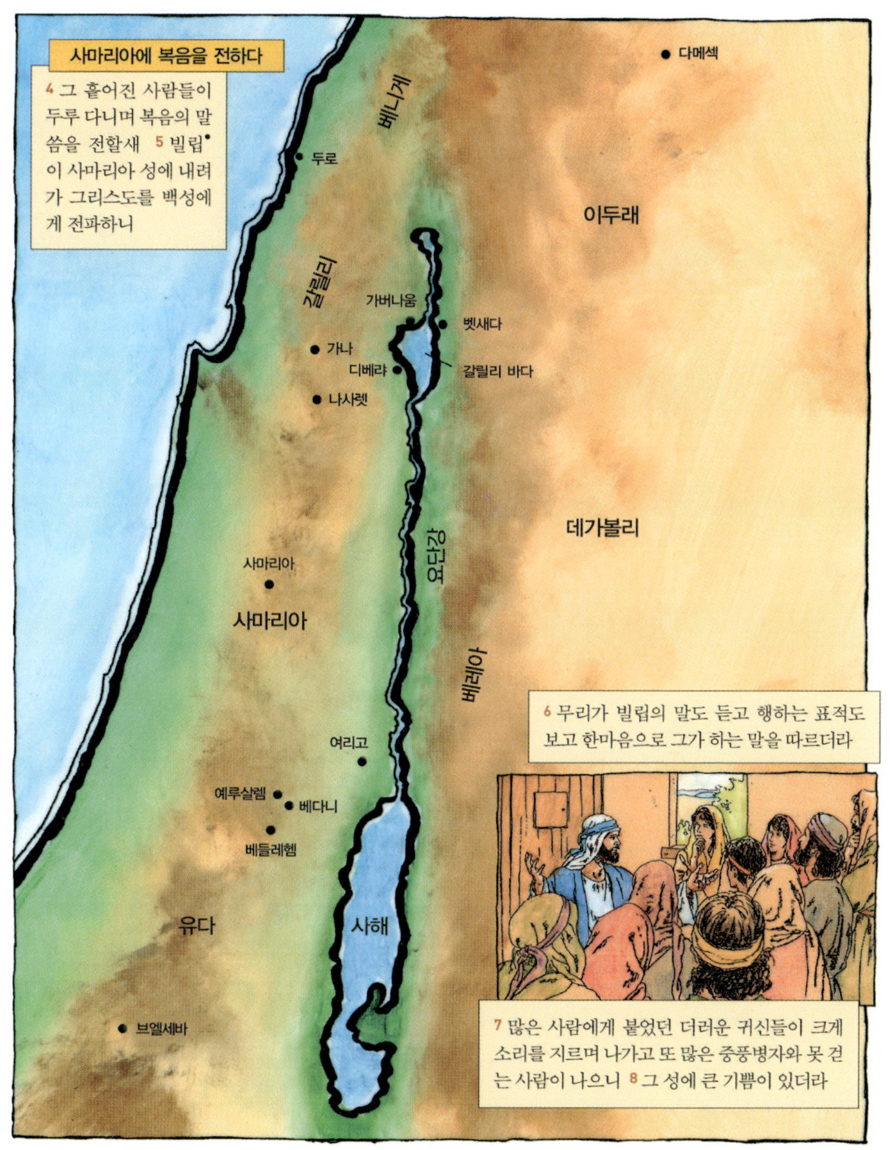

8:5 **빌립** 전도자 빌립 집사. 사도 빌립과는 다른 사람이다.

9 그 성에 시몬이라 하
는 사람이 전부터 있
어 마술을 행하여 사
마리아 백성을 놀라게
하며 자칭 큰 자라 하
니 10 낮은 사람부터
높은 사람까지 다 따
르며 이르되

이 사람은 크다 일컫는 하
나님의 능력이라 하더라

11 오랫동안 그 마술에 놀랐으므로 그들
이 따르더니 12 빌립이 하나님 나라와
및 예수 그리스도의 이름에 관하여 전도
함을 그들이 믿고 남녀가 다 세례를 받
으니 13 시몬도 믿고 세례를 받은 후에
전심으로 빌립을 따라다니며 그 나타나
는 표적과 큰 능력을 보고 놀라니라

14 예루살렘에 있는 사도들이 사마리
아도 하나님의 말씀을 받았다 함을 듣
고 베드로와 요한을 보내매

15 그들이 내려가
서 그들을 위하여
성령 받기를 기도
하니 16 이는 아직
한 사람에게도 성
령 내리신 일이 없
고 오직 주 예수의
이름으로 세례만
받을 뿐이더라

17 이에 두 사도가
그들에게 안수하
매 성령을 받는지
라 18 시몬이 사도
들의 안수로 성령
받는 것을 보고 돈
을 드려 19 이르되

이 권능을 내게도 주어 누구든지
내가 안수하는 사람은 성령을 받
게 하여 주소서 하니

20 베드로가 이르되
네가 하나님의 선물을 돈 주고 살 줄
로 생각하였으니 네 은과 네가 함께
망할지어다 21 하나님 앞에서 네 마
음이 바르지 못하니 이 도에는 네가
관계도 없고 분깃 될 것도 없느니라

사도행전 8:22-29

25 두 사도가 주의 말씀을 증
언하여 말한 후 예루살렘으로
돌아갈새 사마리아인의 여러
마을에서 복음을 전하니라

빌립과 에디오피아 내시

26 주의 사자가 빌립에게 말
하여 이르되

32 읽는 성경 구절은 이것이니 일렀으되

그가 도살자에게로 가는 양과
같이 끌려갔고 털 깎는 자 앞에
있는 어린 양이 조용함과 같이
그의 입을 열지 아니하였도다
33 그가 굴욕을 당했을 때 공정
한 재판도 받지 못하였으니 누
가 그의 세대를 말하리요 그의
생명이 땅에서 빼앗김이로다 하
였거늘 사 53:7,8

34 그 내시가 빌립
에게 말하되

청컨대 내가 묻노니 선지
자가 이 말한 것이 누구를
가리킴이냐 자기를 가리킴
이냐 타인을 가리킴이냐

35 빌립이 입을 열어
이 글에서 시작하여 예
수를 가르쳐 복음을 전
하니 36 길 가다가 물
있는 곳에 이르러 그
내시가 말하되

보라 물이 있으니 내가 세례를
받음에 무슨 거리낌이 있느냐

37 (없음)*

8:37 일부 헬라어 사본들에는 "빌립이 이르되 네가 마음을 온전히 하여 믿으면 가하니라 대답하여 이르되 내가 예수 그리스도께서 하나님의 아들인 줄 믿노라"라고 기록되어 있다.

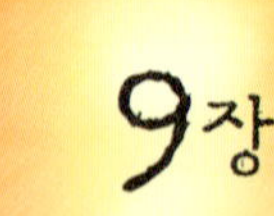

사울이 회개하다

1 사울이 주의 제자들에 대하
여 여전히 위협과 살기가 등등
하여 대제사장에게 가서 2 다
메섹 여러 회당에 가져갈 공문
을 청하니 이는 만일 그 도를
따르는 사람을 만나면 남녀를
막론하고 결박하여 예루살렘
으로 잡아오려 함이라

5 대답하되

주여 누구시니이까

이르시되

나는 네가 박해하는 예수라
6 너는 일어나 시내로 들어가라 네가 행할 것을
네게 이를 자가 있느니라 하시니

7 같이 가던 사람들은 소리만 듣고 아무도 보지
못하여 말을 못하고 서 있더라 8 사울이 땅에서
일어나 눈은 떴으나 아무 것도 보지 못하고 사
람의 손에 끌려 다메섹으로 들어가서

9:11 유다 이 사람은 유다라는 이름의 사도들과는 다른 사람이다.

18 즉시 사울의 눈에서 비늘 같은 것이 벗어져 다시 보게 된지라

일어나 세례를 받고

19 음식을 먹으매 강건하여지니라
사울이 다메섹에서 전도하다
사울이 다메섹에 있는 제자들과 함께 며칠 있을새

20 즉시로 각 회당에서 예수가 하나님의 아들이심을 전파하니

21 듣는 사람이 다 놀라 말하되
이 사람이 예루살렘에서 이 이름을 부르는 사람을 멸하려던 자가 아니냐 여기 온 것도 그들을 결박하여 대제사장들에게 끌어 가고자 함이 아니냐 하더라
22 사울은 힘을 더 얻어 예수를 그리스도라 증언하여 다메섹에 사는 유대인들을 당혹하게 하니라

사울이 피신하다
23 여러 날이 지나매 유대인들이 사울 죽이기를 공모하더니 24 그 계교가 사울에게 알려지니라 그들이 그를 죽이려고 밤낮으로 성문까지 지키거늘
25 그의 제자들이 밤에 사울을 광주리에 담아 성벽에서 달아 내리니라

사울이 예루살렘에 가다
26 사울이 예루살렘에 가서 제자들을 사귀고자 하나 다 두려워하여 그가 제자 됨을 믿지 아니하니
27 바나바가 데리고 사도들에게 가서 그가 길에서 어떻게 주를 보았는지와 주께서 그에게 말씀하신 일과 다메섹에서 그가 어떻게 예수의 이름으로 담대히 말하였는지를 전하니라
28 사울이 제자들과 함께 있어 예루살렘에 출입하며

29 또 주 예수의 이름으로 담대히 말하고 헬라파 유대인들과 함께 말하며 변론하니 그 사람들이 죽이려고 힘쓰거늘
30 형제들이 알고 가이사랴로 데리고 내려가서 다소로 보내니라
31 그리하여 온 유대와 갈릴리와 사마리아 교회가 평안하여 든든히 서 가고 주를 경외함과 성령의 위로로 진행하여 수가 더 많아지니라

베드로가 중풍병자를 고치다
32 그 때에 베드로가 사방으로 두루 다니다
가 룻다에 사는 성도들에게도 내려갔더니

33 거기서 애니아라 하는 사람을 만나매 그는 중
풍병으로 침상 위에 누운 지 여덟 해라

34 베드로가 이르되
애니아야 예수 그리스도께
서 너를 낫게 하시니 일어나
네 자리를 정돈하라 한대
곧 일어나니 35 룻다
와 사론에 사는 사람
들이 다 그를 보고 주
께로 돌아오니라

베드로가 도르가를 살리다
36 욥바에 다비다라 하는 여제
자가 있으니 그 이름을 번역하
면 도르가라 선행과 구제하는
일이 심히 많더니
37 그 때에 병들어 죽으매 시
체를 씻어 다락에 누이니라

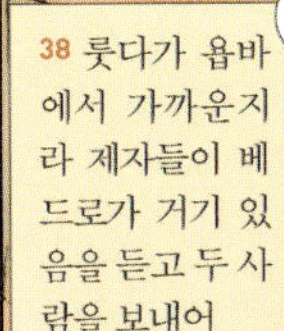
38 룻다가 욥바
에서 가까운지
라 제자들이 베
드로가 거기 있
음을 듣고 두 사
람을 보내어

지체 말고 와 달라고 간청하여
39 베드로가 일어나 그들과
함께 가서 이르매 그들이 데
리고 다락방에 올라가니 모
든 과부가 베드로 곁에 서서
울며 도르가가 그들과 함께
있을 때에 지은 속옷과 겉옷
을 다 내보이거늘

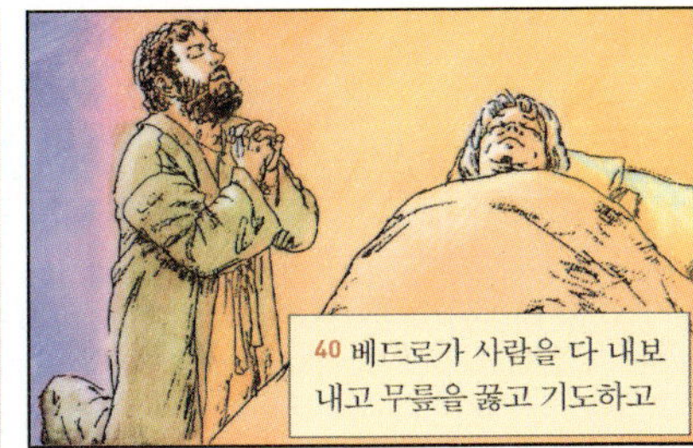
40 베드로가 사람을 다 내보
내고 무릎을 꿇고 기도하고

돌이켜 시체를 향하여 이르되
다비다야 일어나라 하니
그가 눈을 떠 베
드로를 보고 일
어나 앉는지라

41 베드로가 손을
내밀어 일으키고

10장

고넬료가 베드로를 청하다

1 가이사랴에 고넬료라 하는 사람이 있으니 이달리야 부대라 하는 군대의 백부장이라

2 그가 경건하여 온 집안과
더불어 하나님을 경외하며
백성을 많이 구제하고 하나
님께 항상 기도하더니 3 하
루는 제 구 시쯤 되어 환상 중
에 밝히 보매 하나님의 사자
가 들어와 이르되

네 기도와 구제가 하나님
앞에 상달되어 기억하신
바가 되었으니 5 네가 지
금 사람들을 욥바에 보내
어 베드로라 하는 시몬을
청하라 6 그는 무두장이
시몬의 집에 유숙하니 그
집은 해변에 있다 하더라

10:9 지붕 성경 시대에 집들의 지붕은 평평했다. 당시 지붕은 열매와 아마(亞麻) 같은 것들을 말리는 장소로 사용되었다. 또 임시로 사용하는 방으로, 경배의 장소로 또는 여름에 잠자는 장소로 사용되었다.

10:19 두 사람 한 고대 사본에는 '둘' 어떤 사본에는 수가 밝혀져 있지 않음. 이 책의 원서(The Illustrated International Children's Bible)에도 그림과 동일하게 'three men'으로 나온다. 개역한글과 개역개정판에서는 '두 사람'이라고 번역되었으며 새번역과 표준새번역에는 '세 사람', '셋'이라고 나온다.

22 그들이 대답하되
백부장 고넬료는 의인이요 하나님을 경외하는 사람이라 유대 온 족속이 칭찬하더니 그가 거룩한 천사의 지시를 받아 당신을 그 집으로 청하여 말을 들으려 하느니라 한대
23 베드로가 불러 들여 유숙하게 하니라

베드로가 고넬료의 집에서 설교하다
이튿날 일어나 그들과 함께 갈새 욥바에서 온 어떤 형제들도 함께 가니라 24 이튿날 가이사랴에 들어가니

고넬료가 그의 친척과 가까운 친구들을 모아 기다리더니 25 마침 베드로가 들어올 때에 고넬료가 맞아 발 앞에 엎드리어 절하니

26 베드로가 일으켜 이르되
일어서라 나도 사람이라 하고

27 더불어 말하며 들어가 여러 사람이 모인 것을 보고
28 이르되
유대인으로서 이방인과 교제하며 가까이 하는 것이 위법인 줄은 너희도 알거니와 하나님께서 내게 지시하사 아무도 속되다 하거나 깨끗하지 않다 하지 말라 하시기로

29 부름을 사양하지 아니하고 왔노라 묻노니 무슨 일로 나를 불렀느냐
30 고넬료가 이르되
내가 나흘 전 이맘때까지 내 집에서 제 구 시 기도를 하는데 갑자기 한 사람이 빛난 옷을 입고 내 앞에 서서

31 말하되
고넬료야 하나님이 네 기도를 들으시고 네 구제를 기억하셨으니 32 사람을 욥바에 보내어 베드로라 하는 시몬을 청하라 그가 바닷가 무두장이 시몬의 집에 유숙하느니라 하시기로
33 내가 곧 당신에게 사람을 보내었는데 오셨으니 잘하였나이다 이제 우리는 주께서 당신에게 명하신 모든 것을 듣고자 하여 다 하나님 앞에 있나이다

10:37 **요한** 그리스도께서 오실 것을 사람들에게 미리 선포한 세례 요한(마 3장 ; 눅 3장 참조).

이방인들도 성령을 받다
44 베드로가 이 말을 할 때에 성령이
말씀 듣는 모든 사람에게 내려오시니
45 베드로와 함께 온 할례 받은 신자
들이 이방인들에게도 성령 부어 주심
으로 말미암아 놀라니 46 이는 방언
을 말하며 하나님 높임을 들음이러라
47 이에 베드로가 이르되 이 사람들이 우리와 같이 성령
을 받았으니 누가 능히 물로 세례 베풂을 금하리요 하고
48 명하여 예수 그리스도의 이름으로
세례를 베풀라 하니라 그들이 베드
로에게 며칠 더 머물기를 청하니라

11장
베드로가 예루살렘
교회에 보고하다
1 유대에 있는 사도
들과 형제들이 이방
인들도 하나님의 말
씀을 받았다 함을 들
었더니 2 베드로가
예루살렘에 올라갔
을 때에 할례자들이
비난하여 3 이르되
네가 무할례자의
집에 들어가 함께
먹었다 하니
4 베드로가 그들에
게 이 일을 차례로
설명하여 5 이르되
내가 욥바 시에서 기도할 때에
황홀한 중에 환상을 보니 큰
보자기 같은 그릇이 네 귀에
매어 하늘로부터 내리어 내 앞
에까지 드리워지거늘 6 이것
을 주목하여 보니 땅에 네 발
가진 것과 들짐승과 기는 것과
공중에 나는 것들이 보이더라

7 또 들으니 소리 있
어 내게 이르되 베
드로야 일어나 잡아
먹으라 하거늘

8 내가 이르되 주님 그럴 수 없나이다 속되
거나 깨끗하지 아니한 것은 결코 내 입에 들
어간 일이 없나이다 하니 9 또 하늘로부터
두 번째 소리 있어 내게 이르되 하나님이 깨
끗하게 하신 것을 네가 속되다고 하지 말라
하더라 10 이런 일이 세 번 있은 후에 모든
것이 다시 하늘로 끌려 올라가더라

11 마침 세 사람이 내가
유숙한 집 앞에 서 있
으니 가이사랴에서 내
게로 보낸 사람이라

12 성령이 내게 명하사 아무 의심 말고
함께 가라 하시매 이 여섯 형제도 나와
함께 가서 그 사람의 집에 들어가니
13 그가 우리에게 말하
기를 천사가 내 집에 서
서 말하되 네가 사람을
욥바에 보내어 베드로
라 하는 시몬을 청하라

사도행전 11:14－18

16 내가 주의 말씀에 요한은 물로 세례를 베풀었으나 너희는 성령으로 세례를 받으리라 하신 것이 생각났노라 17 그런즉 하나님이 우리가 주 예수 그리스도를 믿을 때에 주신 것과 같은 선물을 그들에게도 주셨으니 내가 누구이기에 하나님을 능히 막겠느냐 하더라

18 그들이 이 말을 듣고 잠잠하여 하나님께 영광을 돌려 이르되

그러면 하나님께서 이방인에게도 생명 얻는 회개를 주셨도다 하니라

안디옥 교회

19 그 때에 스데반의 일로 일어
난 환난으로 말미암아 흩어진
자들이 베니게와 구브로와 안
디옥까지 이르러 유대인에게
만 말씀을 전하는데 20 그 중
에 구브로와 구레네 몇 사람이
안디옥에 이르러 헬라인*에게
도 말하여 주 예수를 전파하니
21 주의 손이 그들과 함께 하
시매 수많은 사람들이 믿고 주
께 돌아오더라 22 예루살렘 교
회가 이 사람들의 소문을 듣고
바나바를 안디옥까지 보내니

23 그가 이르러 하나님의 은혜를
보고 기뻐하여 모든 사람에게

굳건한 마음으로 주와 함께
머물러 있으라

권하니 24 바나바는 착한 사람이
요 성령과 믿음이 충만한 사람이
라 이에 큰 무리가 주께 더하여지
더라 25 바나바가 사울을 찾으러
다소에 가서 26 만나매 안디옥에
데리고 와서 둘이 교회에 일 년간
모여 있어 큰 무리를 가르쳤고 제
자들이 안디옥에서 비로소 그리
스도인이라 일컬음을 받게 되었
더라 27 그 때에 선지자들이 예루
살렘에서 안디옥에 이르니 28 그
중에 아가보라 하는 한 사람이 일
어나 성령으로 말하되

천하에 큰 흉년이 들리라

하더니 글라우디오 때에 그렇게
되니라 29 제자들이 각각 그 힘대
로 유대에 사는 형제들에게 부조
를 보내기로 작정하고 30 이를 실
행하여 바나바와 사울의 손으로
장로들에게 보내니라

11:20 **헬라인** 일부 헬라어 사본들에는 이것이 '헬라파 유대인'으로 되어 있다. 헬라파 유대인은 헬라인이 아니지만 헬라어를 말하는 사람을 가리켰다.

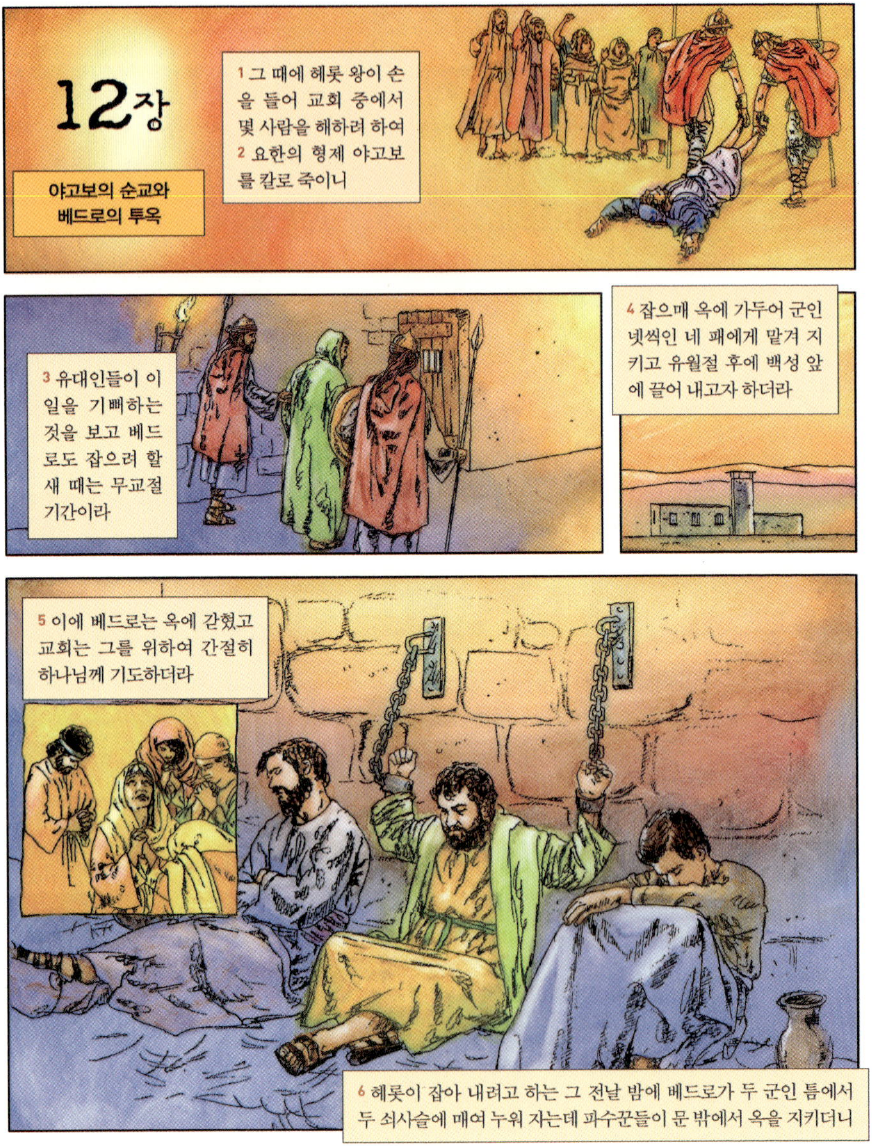

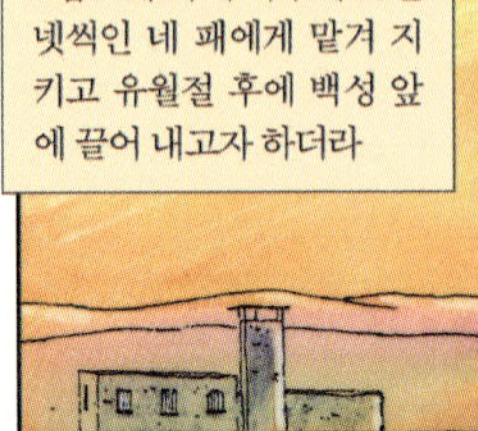

5 이에 베드로는 옥에 갇혔고
교회는 그를 위하여 간절히
하나님께 기도하더라

6 헤롯이 잡아 내려고 하는 그 전날 밤에 베드로가 두 군인 틈에서
두 쇠사슬에 매여 누워 자는데 파수꾼들이 문 밖에서 옥을 지키더니

7 홀연히 주의 사자가 나타나매 옥중에 광채가
빛나며 또 베드로의 옆구리를 쳐 깨워 이르되
급히
일어나라 하니
쇠사슬이 그 손에서 벗어지
더라 8 천사가 이르되
띠를 띠고
신을 신으라 하거늘

베드로가 그대로 하니 천사가 또 이르되
겉옷을 입고
따라오라 한대
9 베드로가 나
와서 따라갈새
천사가 하는 것
이 생시인 줄
알지 못하고 환
상을 보는가 하
니라
10 이에 첫째와 둘째 파수를 지나 시내로 통
한 쇠문에 이르니 문이 저절로 열리는지라 나
와서 한 거리를 지나매 천사가 곧 떠나더라

11 이에 베드로가 정신
이 들어 이르되
내가 이제야 참으로 주께
서 그의 천사를 보내어 나
를 헤롯의 손과 유대 백성
의 모든 기대에서 벗어나
게 하신 줄 알겠노라 하여

사도행전 12:12-15

12 깨닫고 마가라 하는 요한의 어머니
마리아의 집에 가니 여러 사람이 거기
에 모여 기도하고 있더라 13 베드로가
대문을 두드린대 로데라 하는 여자 아
이가 영접하러 나왔다가
14 베드로의 음성인 줄 알고 기뻐하
여 문을 미처 열지 못하고
달려 들어가 말하되
베드로가 대문 밖에 섰더라 하니
15 그들이 말하되
네가 미쳤다 하나
여자 아이는 힘써 말하되
참말이라 하니
그들이 말하되
그러면 그의 천사라 하더라

16 베드로가 문 두드리기를 그치지 아니하니
그들이 문을 열어 베드로를 보고 놀라는지라
17 베드로가 그들에게 손짓하여 조
용하게 하고 주께서 자기를 이끌어
옥에서 나오게 하던 일을 말하고 또
야고보와 형제들에게 이 말을 전하라 하고
떠나 다른 곳으로 가니라

18 날이 새매 군인들은 베드
로가 어떻게 되었는지 알지
못하여 적지 않게 소동하니
19 헤롯이 그를 찾아도 보지 못하매 파수꾼들을 심문하고 죽이
라 명하니라 헤롯이 유대를 떠나 가이사랴로 내려가서 머무니라

헤롯이 죽다

20 헤롯이 두로와 시돈 사람들을 대단히 노여
워하니 그들의 지방이 왕국에서 나는 양식을
먹는 까닭에 한마음으로 그에게 나아와 왕의
침소 맡은 신하 블라스도를 설득하여 화목하
기를 청한지라 21 헤롯이 날을 택하여 왕복
을 입고 단상에 앉아 백성에게 연설하니
22 백성들이 크게 부르되
이것은 신의 소리요 사람
의 소리가 아니라 하거늘
23 헤롯이 영광을
하나님께로 돌리
지 아니하므로 주
의 사자가 곧 치니
벌레에게 먹혀 죽
으니라
24 하나님의 말씀은 흥왕
하여 더하더라 25 바나
바와 사울이 부조하는 일
을 마치고 마가라 하는
요한을 데리고 예루살렘
에서 돌아오니라

13:2 **금식** 기도하며 하나님을 경배하는 특별한 때에 사람들은 금식을 하였다. 또한 금식은 슬픔의 표현이기도 했다.
13:3 **안수하여** 여기서 안수는 이 사람들에게 하나님의 특별한 일이 맡겨졌다는 것을 의미했다.

실루기아에 내려가 거기서 배 타고 구브로에 가서

5 살라미에 이르
러 하나님의 말씀
을 유대인의 여러
회당에서 전할새
요한을 수행원으
로 두었더라 6 온
섬 가운데로 지나
서 바보에 이르러

바예수라 하는 유
대인 거짓 선지자
인 마술사를 만나
니 7 그가 총독
서기오 바울과 함
께 있으니 서기오
바울은 지혜 있는
사람이라

바나바와 사울을 불러 하나님의 말씀
을 듣고자 하더라 8 이 마술사 엘루
마는 (이 이름을 번역하면 마술사라)
그들을 대적하여 총독으로 믿지 못하
게 힘쓰니 9 바울이라고 하는 사울이
성령이 충만하여 그를 주목하고

바울과 바나바가 비시디아 안디옥에서 전도하다

안식일에 회당에 들어가 앉으니라 15 율법과 선지자의
글을 읽은 후에 회당장들이 사람을 보내어 물어 이르되

형제들아 만일 백성을 권할 말이 있거든 말하라 하니

16 바울이 일어나 손짓하며 말하되

이스라엘 사람들과 및 하나님을 경외하는 사람들아 들으라 17 이 이스라엘 백성의 하나님이 우리 조상들을 택하시고 애굽 땅에서 나그네 된 그 백성을 높여

13:18 그들의 소행을 참으시고 일부 헬라어 사본들에는 이것이 '그들을 돌보시고'라고 되어 있다.

23 하나님이 약속하신 대로 이 사람의 후손에서 이스라엘을 위하여 구주를 세우셨으니 곧 예수라 24 그가 오시기에 앞서 요한이 먼저 회개의 세례를 이스라엘 모든 백성에게 전파하니라
25 요한이 그 달려갈 길을 마칠 때에 말하되 너희가 나를 누구로 생각하느냐 나는 그리스도가 아니라 내 뒤에 오시는 이가 있으니 나는 그 발의 신발끈을 풀기도 감당하지 못하리라 하였으니

26 형제들아 아브라함의 후손과 너희 중 하나님을 경외하는 사람들아 이 구원의 말씀을 우리에게 보내셨거늘 27 예루살렘에 사는 자들과 그들 관리들이 예수와 및 안식일마다 외우는 바 선지자들의 말을 알지 못하므로 예수를 정죄하여 선지자들의 말을 응하게 하였도다

28 죽일 죄를 하나도 찾지 못하였으나 빌라도에게 죽여 달라 하였으니

29 성경에 그를 가리켜 기록한 말씀을 다 응하게 한 것이라 후에 나무에서 내려다가 무덤에 두었으나

30 하나님이 죽은 자 가운데서 그를 살리신지라
31 갈릴리로부터 예루살렘에 함께 올라간 사람들에게 여러 날 보이셨으니 그들이 이제 백성 앞에서 그의 증인이라

32 우리도 조상들에게 주신 약속을 너희에게 전파하노니 33 곧 하나님이 예수를 일으키사 우리 자녀들에게 이 약속을 이루게 하셨다 함이라 시편 둘째 편에 기록한 바와 같이
너는 내 아들이라 오늘 너를 낳았다 하셨고 시 2:7

34 또 하나님께서 죽은 자 가운데서 그를 일으키사 다시 썩음을 당하지 않게 하실 것을 가르쳐 이르시되
내가 다윗의 거룩하고 미쁜 은사를 너희에게 주리라 하셨으며 사 55:3
35 또 다른 시편에 일렀으되
주의 거룩한 자로 썩음을 당하지 않게 하시리라 하셨느니라 시 16:10
36 다윗은 당시에 하나님의 뜻을 따라 섬기다가 잠들어 그 조상들과 함께 묻혀 썩음을 당하였으되 37 하나님께서 살리신 이는 썩음을 당하지 아니하였나니

38 그러므로 형제들아 너희가 알 것
은 이 사람을 힘입어 죄 사함을 너희
에게 전하는 이것이며 39 또 모세의
율법으로 너희가 의롭다 하심을 얻
지 못하던 모든 일에도 이 사람을 힘
입어 믿는 자마다 의롭다 하심을 얻
는 이것이라 40 그런즉 너희는 선지
자들을 통하여 말씀하신 것이 너희
에게 미칠까 삼가라 41 일렀으되

보라 멸시하는 사람들아 너희는 놀
라고 멸망하라 내가 너희 때를 당하
여 한 일을 행할 것이니 사람이 너희
에게 일러줄지라도 도무지 믿지 못
할 일이라 하였느니라 하니라 합 1:5

13:51 **발의 티끌을 떨어 버리고** 이것은 그들이 사람들에게 할 말을 다했다는 표시가 된다.

14장

바울과 바나바가 이고니온에서 전도하다

1 이에 이고니온에서 두 사도가 함께
유대인의 회당에 들어가 말하니 유대
와 헬라의 허다한 무리가 믿더라

2 그러나 순종하지 아니하
는 유대인들이 이방인들의
마음을 선동하여 형제들에
게 악감을 품게 하거늘

3 두 사도가 오래 있어
주를 힘입어 담대히 말
하니 주께서 그들의 손
으로 표적과 기사를 행
하게 하여 주사 자기 은
혜의 말씀을 증언하시니

4 그 시내의 무리가 나뉘어 유대인을 따르는
자도 있고 두 사도를 따르는 자도 있는지라

5 이방인과 유대인과 그 관리들이 두 사도를 모욕하며 돌로 치
려고 달려드니 6 그들이 알고 도망하여 루가오니아의 두 성 루
스드라와 더베와 그 근방으로 가서 7 거기서 복음을 전하니라

바울과 바나바가 루스드라에서 전도하다

8 루스드라에 발을 쓰지 못하는 한
사람이 앉아 있는데 나면서 걷지 못
하게 되어 걸어 본 적이 없는 자라

14:12 **제우스** 헬라인들은 많은 신들을 믿었는데 그중에서도 가장 중요한 신이 제우스였다.
14:12 **헤르메스** 헬라인들은 헤르메스가 다른 신들의 말을 전하는 자라고 믿었다.

15 이르되
여러분이여 어찌하여 이러한 일을 하느냐 우리도 여러분과 같은 성정을 가진 사람이라 여러분에게 복음을 전하는 것은 이런 헛된 일을 버리고 천지와 바다와 그 가운데 만물을 지으시고 살아 계신 하나님께로 돌아오게 함이라 16 하나님이 지나간 세대에는 모든 민족으로 자기들의 길들을 가게 방임하셨으나
17 그러나 자기를 증언하지 아니하신 것이 아니니 곧 여러분에게 하늘로부터 비를 내리시며 결실기를 주시는 선한 일을 하사 음식과 기쁨으로 여러분의 마음에 만족하게 하셨느니라 하고
18 이렇게 말하여 겨우 무리를 말려 자기들에게 제사를 못하게 하니라

19 유대인들이 안디옥과 이고니온에서 와서 무리를 충동하니 그들이 돌로 바울을 쳐서 죽은 줄로 알고 시외로 끌어 내치니라

20 제자들이 둘러섰을 때에 바울이 일어나 그 성에 들어갔다가 이튿날 바나바와 함께 더베로 가서

21 복음을 그 성에서 전하여 많은 사람을 제
자로 삼고 루스드라와 이고니온과 안디옥으
로 돌아가서 22 제자들의 마음을 굳게 하여
이 믿음에 머물러 있으라 권하고 또 우리가
하나님의 나라에 들어가려면 많은 환난을
겪어야 할 것이라 하고 23 각 교회에서 장로
들을 택하여 금식 기도 하며 그들이 믿는 주
께 그들을 위탁하고 24 비시디아 가운데로
지나서 밤빌리아에 이르러 25 말씀을 버가
에서 전하고 앗달리아로 내려가서 26 거기
서 배 타고 안디옥에 이르니 이 곳은 두 사
도가 이룬 그 일을 위하여 전에 하나님의 은
혜에 부탁하던 곳이라 27 그들이 이르러 교
회를 모아 하나님이 함께 행하신 모든 일과
이방인들에게 믿음의 문을 여신 것을 보고
하고 28 제자들과 함께 오래 있으니라

15장
예루살렘 회의
1 어떤 사람들이 유대로부터
내려와서 형제들을 가르치되
너희가 모세의 법대로 할례를 받지 아니
하면 능히 구원을 받지 못하리라 하니
2 바울 및 바나바와 그들 사이에 적
지 아니한 다툼과 변론이 일어난지
라 형제들이 이 문제에 대하여 바
울과 바나바와 및 그 중의 몇 사람
을 예루살렘에 있는 사도와 장로들
에게 보내기로 작정하니라

3 그들이 교회의
전송을 받고 베니
게와 사마리아로
다니며 이방인들
이 주께 돌아온
일을 말하여 형제
들을 다 크게 기
쁘게 하더라

4 예루살렘에 이
르러 교회와 사도
와 장로들에게 영
접을 받고 하나님
이 자기들과 함께
계셔 행하신 모든
일을 말하매

5 바리새파 중에 어떤 믿는 사람들이 일어나 말하되
이방인에게 할례를 행하고 모세의 율법을 지키라 명하는 것이 마땅하다 하니라

6 사도와 장로들이 이 일을 의논하러 모여 7 많은 변론이 있은 후에 베드로가 일어나 말하되
형제들아 너희도 알거니와 하나님이 이방인들로 내 입에서 복음의 말씀을 들어 믿게 하시려고 오래 전부터 너희 가운데서 나를 택하시고

8 또 마음을 아시는 하나님이 우리에게와 같이 그들에게도 성령을 주어 증언하시고 9 믿음으로 그들의 마음을 깨끗이 하사 그들이나 우리나 차별하지 아니하셨느니라

10 그런데 지금 너희가 어찌하여 하나님을 시험하여 우리 조상과 우리도 능히 메지 못하던 멍에를 제자들의 목에 두려느냐

11 그러나 우리는 그들이 우리와 동일하게 주 예수의 은혜로 구원 받는 줄을 믿노라 하니라

12 온 무리가 가만히 있어 바나바와 바울이 하나님께서 자기들로 말미
암아 이방인 중에서 행하신 표적과 기사에 관하여 말하는 것을 듣더니

13 말을 마치매 야고보
가 대답하여 이르되
형제들아
내 말을 들으라
14 하나님이 처음으로 이방인 중에서 자기 이름을 위할
백성을 취하시려고 그들을 돌보신 것을 시므온이 말하였
으니 15 선지자들의 말씀이 이와 일치하도다 기록된 바

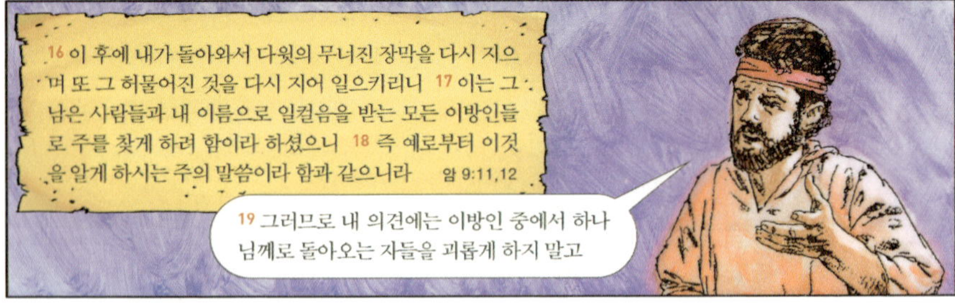
16 이 후에 내가 돌아와서 다윗의 무너진 장막을 다시 지으
며 또 그 허물어진 것을 다시 지어 일으키리니 17 이는 그
남은 사람들과 내 이름으로 일컬음을 받는 모든 이방인들
로 주를 찾게 하려 함이라 하셨으니 18 즉 예로부터 이것
을 알게 하시는 주의 말씀이라 함과 같으니라 암 9:11,12
19 그러므로 내 의견에는 이방인 중에서 하나
님께로 돌아오는 자들을 괴롭게 하지 말고

20 다만 우상의 더러운 것과 음행과 목매어 죽인 것
과 피를 멀리하라고 편지하는 것이 옳으니 21 이는
예로부터 각 성에서 모세를 전하는 자가 있어 안식
일마다 회당에서 그 글을 읽음이라 하더라

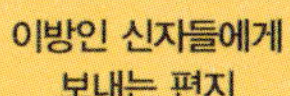

이방인 신자들에게 보내는 편지

22 이에 사도와 장로와 온
교회가 그 중에서 사람들을
택하여 바울과 바나바와 함
께 안디옥으로 보내기를 결
정하니 곧 형제 중에 인도
자인 바사바라 하는 유다와
실라더라 23 그 편에 편지
를 부쳐 이르되

사도와 장로 된 형제들은 안디옥과 수리
아와 길리기아에 있는 이방인 형제들에게
문안하노라 24 들은즉 우리 가운데서 어
떤 사람들이 우리의 지시도 없이 나가서
말로 너희를 괴롭게 하고 마음을 혼란하
게 한다 하기로 25-26 사람을 택하여 우
리 주 예수 그리스도의 이름을 위하여 생
명을 아끼지 아니하는 자인 우리가 사랑
하는 바나바와 바울과 함께 너희에게 보
내기를 만장일치로 결정하였노라 27 그
리하여 유다와 실라를 보내니 그들도 이
일을 말로 전하리라 28 성령과 우리는 이
요긴한 것들 외에는 아무 짐도 너희에게
지우지 아니하는 것이 옳은 줄 알았노니
29 우상의 제물과 피와 목매어 죽인 것과
음행을 멀리할지니라 이에 스스로 삼가면
잘되리라 평안함을 원하노라 하였더라

30 그들이 작별하고 안디옥에 내려가
무리를 모은 후에 편지를 전하니

31 읽고 그 위로한
말을 기뻐하더라
32 유다와 실라도
선지자라 여러 말
로 형제를 권면하
여 굳게 하고

15:34 일부 헬라어 사본들에는 "실라는 그들과 함께 유하기를 작정하고"라고 기록되어 있다.

16장

바울이 디모데를 데리고 가다

1 바울이 더베와 루스드라에도 이르매
거기 디모데라 하는 제자가 있으니 그
어머니는 믿는 유대 여자요 아버지는
헬라인이라 2 디모데는 루스드라와
이고니온에 있는 형제들에게 칭찬 받
는 자니 3 바울이 그를 데리고 떠나고
자 할새 그 지역에 있는 유대인으로
말미암아 그를 데려다가 할례를 행하
니 이는 그 사람들이 그의 아버지는
헬라인인 줄 다 앎이러라

4 여러 성으로 다녀 갈 때에 예
루살렘에 있는 사도와 장로들
이 작정한 규례를 그들에게 주
어 지키게 하니 5 이에 여러 교
회가 믿음이 더 굳건해지고 수
가 날마다 늘어가니라

사도행전 16:6-12

16:11 네압볼리 마게도냐의 도시. 바울이 유럽 대륙에서 가장 먼저 방문한 도시이다.
16:12 로마의 식민지 로마인들이 로마의 법과 관습과 특권을 적용하여 시작한 도시

13 안식일에 우리가 기도할 곳이 있
을까 하여 문 밖 강가에 나가 거기
앉아서 모인 여자들에게 말하는데

14 두아디라 시에 있는 자색 옷감 장사로서
하나님을 섬기는 루디아라 하는 한 여자가
말을 듣고 있을 때 주께서 그 마음을 열어 바
울의 말을 따르게 하신지라 15 그와 그 집이
다 세례를 받고 우리에게 청하여 이르되
만일 나를 주 믿는 자로 알거든
내 집에 들어와 유하라 하고
강권하여 머물게 하니라

바울과 실라가 갇히다

16 우리가 기도하는 곳에 가다가 점치는 귀신• 들린 여종 하나를 만나니 점으로 그 주인들에게 큰 이익을 주는 자라

16:16 귀신 이것은 마귀에게서 온 영이다. 이 영 때문에 여종은 자기에게 특별한 지식이 있다고 말했다.

20 상관들 앞에 데리고 가서 말하되
이 사람들이 유대인인데 우리 성을 심히 요란 하게 하여 21 로마 사람인 우리가 받지도 못 하고 행하지도 못할 풍속을 전한다 하거늘

22 무리가 일제히 일어나 고발하니 상관 들이 옷을 찢어 벗기고 매로 치라 하여

23 많이 친 후에 옥에 가두 고 간수에게 명하여 든든 히 지키라 하니 24 그가 이 러한 명령을 받아 그들을 깊은 옥에 가두고 그 발을 차꼬에 든든히 채웠더니

16:27 자결하려 하거늘 간수는 그의 상관들이 그가 죄수들을 놓아주었다고 여겨 그를 죽일 것이라고 생각했다.

32 주의 말씀을 그 사람과 그 집에 있
는 모든 사람에게 전하더라 33 그 밤
그 시각에 간수가 그들을 데려다가
그 맞은 자리를 씻어 주고 자기와 그
온 가족이 다 세례를 받은 후 34 그
들을 데리고 자기 집에 올라가서 음
식을 차려 주고 그와 온 집안이 하나
님을 믿으므로 크게 기뻐하니라

16:37 **로마 사람** 로마의 법에 의하면, 로마 시민은 재판을 받기 전에 매질을 할 수 없었다.

1 그들이 암비볼리와 아볼로니아로 다녀가 데살로니가에 이르니 거기 유대인의 회당이 있는지라
17장
바울이 데살로니가에서 전도하다
마게도냐
빌립보
암비볼리
네아볼리
데살로니가
아볼로니아
에게해

2 바울이 자기의 관례대로 그들에게로 들어가서 세 안식일에 성경을 가지고 강론하며
3 뜻을 풀어 그리스도가 해를 받고 죽은 자 가운데서 다시 살아나야 할 것을 증언하고 이르되
내가 너희에게 전하는 이 예수가 곧 그리스도라 하니

4 그 중의 어떤 사람 곧 경건한 헬라인의 큰 무리와 적지 않은 귀부인도 권함을 받고 바울과 실라를 따르나

5 그러나 유대인들은 시기하여 저자의 어떤 불량한 사람들을 데리고 떼를 지어 성을 소동하게 하여

야손의 집에 침입하여 그
들을 백성에게 끌어내려
고 찾았으나 6 발견하지
못하매 야손과 몇 형제들
을 끌고 읍장들 앞에 가서
소리 질러 이르되

천하를 어지럽게 하던
이 사람들이 여기도 이
르매 7 야손이 그들을
맞아 들였도다 이 사람
들이 다 가이사의 명을
거역하여 말하되 다른
임금 곧 예수라 하는 이
가 있다 하더이다 하니

8 무리와 읍장들이 이 말을
듣고 소동하여 9 야손과 그
나머지 사람들에게 보석금
을 받고 놓아 주니라

베뢰아 사람들이 말씀을 받다

10 밤에 형제들이 곧 바울과
실라를 베뢰아로 보내니

그들이 이르러 유대인의
회당에 들어가니라

11 베뢰아에 있는 사람들은
데살로니가에 있는 사람들보
다 더 너그러워서 간절한 마
음으로 말씀을 받고 이것이
그러한가 하여 날마다 성경을
상고하므로 12 그 중에 믿는
사람이 많고 또 헬라의 귀부
인과 남자가 적지 아니하나

13 데살로니가에
있는 유대인들은
바울이 하나님의
말씀을 베뢰아에
서도 전하는 줄을
알고 거기도 가서
무리를 움직여 소
동하게 하거늘

14 형제들이 곧 바울을 내보내어
바다까지 가게 하되 실라와 디모데
는 아직 거기 머물더라 15 바울을
인도하는 사람들이 그를 데리고 아
덴까지 이르러 그에게서 실라와 디
모데를 자기에게로 속히 오게 하라
는 명령을 받고 떠나니라

17:18 에피쿠로스와 스토아 철학자들 철학자들은 진리를 탐구하는 사람들이었다. 에피쿠로스 철학자들은 쾌락 특히 정신적 쾌락이 인생의 목표라고 믿었다. 스토아 철학자들은 기쁨이나 슬픔의 감정이 없는 삶을 목표로 삼았다.

17:19 **아레오바고** 아덴의 중요한 지도자들의 모임. 그들은 마치 재판관 같은 사람들이었다.

28 우리가 그를 힘입어 살며 기
동하며 존재하느니라 너희 시인
중 어떤 사람들의 말과 같이 우
리가 그의 소생이라 하니 29 이
와 같이 하나님의 소생이 되었은
즉 하나님을 금이나 은이나 돌에
다 사람의 기술과 고안으로 새긴
것들과 같이 여길 것이 아니니라
30 알지 못하던 시대에
는 하나님이 간과하셨
거니와 이제는 어디든
지 사람에게 다 명하
사 회개하라 하셨으니

31 이는 정하신 사람으
로 하여금 천하를 공의
로 심판할 날을 작정하
시고 이에 그를 죽은
자 가운데서 다시 살리
신 것으로 모든 사람에
게 믿을 만한 증거를
주셨음이니라 하니라

32 그들이 죽은 자의 부활을 듣
고 어떤 사람은 조롱도 하고 어
떤 사람은
이 일에 대하여 네 말
을 다시 듣겠다 하니
33 이에 바울이 그들 가운데서 떠나매
34 몇 사람이 그를 가까이하여 믿으니
그 중에는 아레오바고 관리 디오누시오
와 다마리라 하는 여자와 또 다른 사람
들도 있었더라

18:2 **글라우디오** 주후 41년부터 54년까지 로마의 황제이었던 사람

18:6 바울이 옷을 털면서 이것은 바울이 유대인들에게 할 말을 다 했음을 표시하는 행동이었다.

12 갈리오가 아가야 총독 되었을 때에 유대인이 일제히 일어나 바울을 대적하여 법정으로 데리고 가서
13 말하되
이 사람이 율법을 어기면서 하나님을 경외하라고 사람들을 권한다 하거늘

14 바울이 입을 열고자 할 때에 갈리오가 유대인들에게 이르되
너희 유대인들아 만일 이것이 무슨 부정한 일이나 불량한 행동이 었으면 내가 너희 말을 들어 주는 것이 옳거니와 15 만일 문제가 언어와 명칭과 너희 법에 관한 것이면 너희가 스스로 처리하라 나는 이러한 일에 재판장 되기를 원하지 아니하노라 하고

16 그들을 법정에서 쫓아내니
17 모든 사람이 회당장 소스데네를 잡아 법정 앞에서 때리되 갈리오가 이 일을 상관하지 아니하니라

18:18 머리를 깎았더라 하나님께 한 특별한 약속의 때가 끝났다는 것을 보여주기 위해 유대인들은 머리를 깎았다.

아볼로가 담대히 전도하다

24 알렉산드리아에서
난 아볼로라 하는 유대
인이 에베소에 이르니
이 사람은 언변이 좋고
성경에 능통한 자라

25 그가 일찍이 주의 도를
배워 열심으로 예수에 관한
것을 자세히 말하며 가르치
나 요한의 세례만 알 따름
이라 26 그가 회당에서 담
대히 말하기 시작하거늘 브
리스길라와 아굴라가 듣고

27 아볼로가 아가야로
건너가고자 함으로 형
제들이 그를 격려하며
제자들에게 편지를 써
영접하라 하였더니 그
가 가매 은혜로 말미암
아 믿은 자들에게 많은
유익을 주니

19:3 요한 그리스도께서 오실 것을 사람들에게 미리 선포한 세례 요한(마 3장 ; 눅 3장 참조).
19:6 바울이 그들에게 안수하매 안수는 성령의 특별한 능력을 줄 수 있는 하나님의 권세나 능력이 바울에게 있었음을 보여주는 표시였다.

8 바울이 회당에 들어가 석 달 동안 담대히 하나님 나라에 관하여 강론하며 권면하되
9 어떤 사람들은 마음이 굳어 순종하지 않고 무리 앞에서 이 도를 비방하거늘

바울이 그들을 떠나 제자들을 따로 세우고 두란노 서원에서 날마다 강론하니라
10 두 해 동안 이같이 하니 아시아에 사는 자는 유대인이나 헬라인이나 다 주의 말씀을 듣더라

11 하나님이 바울의 손으로 놀라운 능력을 행하게 하시니 12 심지어 사람들이 바울의 몸에서 손수건이나 앞치마를 가져다가 병든 사람에게 얹으면 그 병이 떠나고 악귀도 나가더라
13 이에 돌아다니며 마술하는 어떤 유대인들이 시험삼아 악귀 들린 자들에게 주 예수의 이름을 불러 말하되

사도행전 19:14-20

19:19 은 오만 여기서 돈의 단위는 드라크마인 것 같다. 은화 한 닢은 한 사람에게 하루 품삯으로 줄 수 있는 금액이었다.

19:24 **아데미** 소아시아 사람들이 숭배했던 헬라의 여신

27 우리의 이 영업이 천하여질 위험이 있을 뿐 아니라
큰 여신 아데미의 신전도 무시 당하게 되고 온 아시아
와 천하가 위하는 그의 위엄도 떨어질까 하노라 하더라
28 그들이 이 말을 듣고 분
노가 가득하여 외쳐 이르되
크다 에베소 사람의 아데미여 하니

29 온 시내가 요란하여 바울과
같이 다니는 마게도냐 사람 가이
오와 아리스다고를 붙들어 일제
히 연극장으로 달려 들어가는지
라 30 바울이 백성 가운데로 들
어가고자 하나 제자들이 말리고
31 또 아시아 관리 중에 바울의
친구된 어떤 이들이 그에게 통지
하여 연극장에 들어가지 말라 권
하더라 32 사람들이 외쳐 어떤
이는 이런 말을, 어떤 이는 저런
말을 하니 모인 무리가 분란하여
태반이나 어찌하여 모였는지 알
지 못하더라

35 서기장이 무리를 진정시키고 이르되

에베소 사람들아 에베소 시가 큰
아데미와 제우스에게서 내려온
우상의 신전지기가 된 줄을 누가
알지 못하겠느냐 36 이 일이 그렇
지 않다 할 수 없으니 너희가 가만
히 있어서 무엇이든지 경솔히 아
니하여야 하리라 37 신전의 물건
을 도둑질하지도 아니하였고 우
리 여신을 비방하지도 아니한 이
사람들을 너희가 붙잡아 왔으니
38 만일 데메드리오와 그와 함께
있는 직공들이 누구에게 고발할
것이 있으면 재판 날도 있고 총독
들도 있으니 피차 고소할 것이요
39 만일 그 외에 무엇을 원하면 정
식으로 민회에서 결정할지라

20장

바울이 마게도냐와
헬라를 다니다

1 소요가 그
치매 바울은
제자들을 불
러 권한 후
에 작별하고

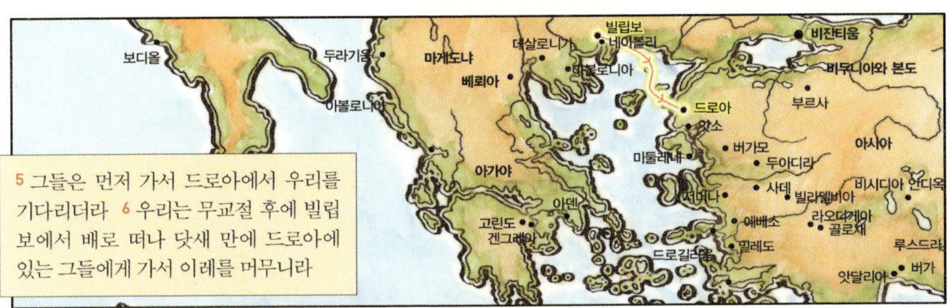

20:7 **그 주간의 첫날** 주일. 유대인들에게 이 날은 우리의 토요일 일몰 때에 시작되었다. 그러나 아시아의 이 지역에서 다른 요일 계산법이 사용되었다면 이 집회는 우리의 주일 밤에 있었던 일이 된다.

삼 층에서 떨어지
거늘 일으켜보니
죽었는지라

10 바울이 내려가서
그 위에 엎드려 그 몸
을 안고 말하되
떠들지 말라 생명이
그에게 있다 하고

11 올라가 떡을 떼어
먹고 오랫동안 곧 날이
새기까지 이야기하고
떠나니라 12 사람들이
살아난 청년을 데리고
가서 적지 않게 위로를
받았더라

드로아에서 밀레도까지 항해하다
13 우리는 앞서 배를
타고 앗소에서 바울을
태우려고 그리로 가니
이는 바울이 걸어서 가
고자 하여 그렇게 정하
여 준 것이라

20 유익한 것은 무엇이든지 공중
앞에서나 각 집에서나 거리낌이
없이 여러분에게 전하여 가르치고
21 유대인과 헬라인들에게 하나님
께 대한 회개와 우리 주 예수 그리
스도께 대한 믿음을 증언한 것이라

사도행전 20:22-31

22 보라 이제 나는 성령에 매여 예루살렘으로 가는데 거기서 무슨 일을 당할는지 알지 못하노라 23 오직 성령이 각 성에서 내게 증언하여 결박과 환난이 나를 기다린다 하시나
24 내가 달려갈 길과 주 예수께 받은 사명 곧 하나님의 은혜의 복음을 증언하는 일을 마치려 함에는 나의 생명조차 조금도 귀한 것으로 여기지 아니하노라

25 보라 내가 여러분 중에 왕래하며 하나님의 나라를 전파하였으나 이제는 여러분이 다 내 얼굴을 다시 보지 못할 줄 아노라 26 그러므로 오늘 여러분에게 증언하거니와 모든 사람의 피에 대하여 내가 깨끗하니 27 이는 내가 꺼리지 않고 하나님의 뜻을 다 여러분에게 전하였음이라

28 여러분은 자기를 위하여 또는 온 양 떼를 위하여 삼가라 성령이 그들 가운데 여러분을 감독자로 삼고 하나님이 자기 피로 사신 교회를 보살피게 하셨느니라

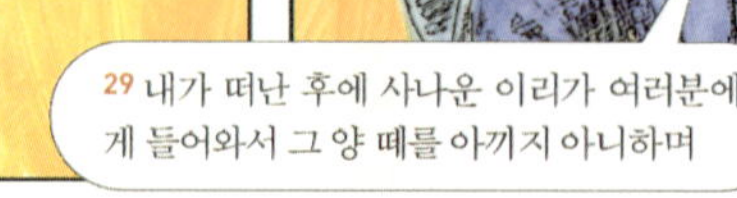

29 내가 떠난 후에 사나운 이리가 여러분에게 들어와서 그 양 떼를 아끼지 아니하며

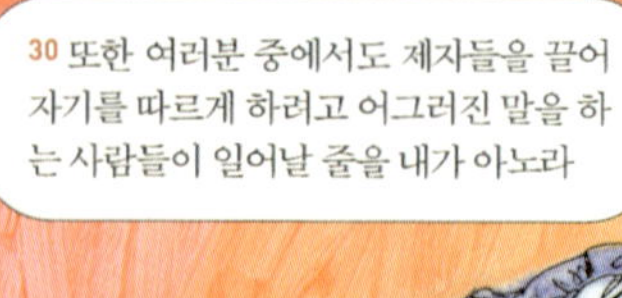

30 또한 여러분 중에서도 제자들을 끌어 자기를 따르게 하려고 어그러진 말을 하는 사람들이 일어날 줄을 내가 아노라

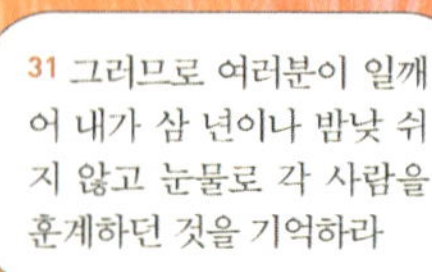

31 그러므로 여러분이 일깨어 내가 삼 년이나 밤낮 쉬지 않고 눈물로 각 사람을 훈계하던 것을 기억하라

32 지금 내가 여러분을 주와 및 그 은혜의 말씀에 부탁
하노니 그 말씀이 여러분을 능히 든든히 세우사 거룩하
게 하심을 입은 모든 자 가운데 기업이 있게 하시리라

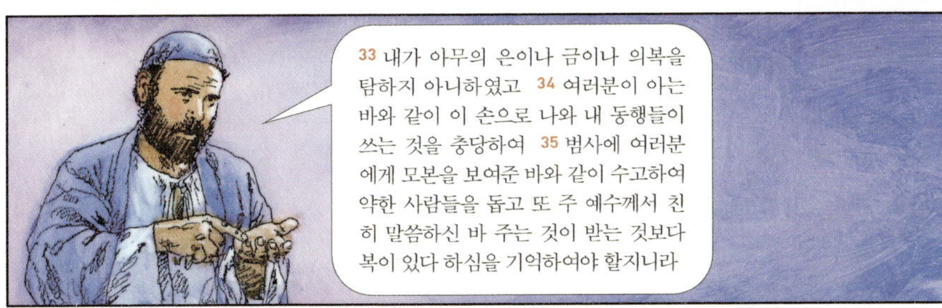
33 내가 아무의 은이나 금이나 의복을
탐하지 아니하였고 34 여러분이 아는
바와 같이 이 손으로 나와 내 동행들이
쓰는 것을 충당하여 35 범사에 여러분
에게 모본을 보여준 바와 같이 수고하여
약한 사람들을 돕고 또 주 예수께서 친
히 말씀하신 바 주는 것이 받는 것보다
복이 있다 하심을 기억하여야 할지니라

36 이 말을 한 후 무릎
을 꿇고 그 모든 사람
들과 함께 기도하니

37 다 크게 울며 바울의 목을
안고 입을 맞추고 38 다시 그
얼굴을 보지 못하리라 한 말
로 말미암아 더욱 근심하고
배에까지 그를 전송하니라

바울이 예루살렘으로 가다

1 우리가 그들을 작별하고 배를 타
고 바로 고스로 가서 이튿날 로도
에 이르러 거기서부터 바다라로
가서 2 베니게로 건너가는 배를
만나서 타고 가다가 3 구브로를
바라보고 이를 왼편에 두고 수리
아로 항해하여 두로에서 상륙하니
거기서 배의 짐을 풀려 함이러라

4 제자들을 찾아 거기서 이레를
머물더니 그 제자들이 성령의 감
동으로 바울더러 예루살렘에 들
어가지 말라 하더라 5 이 여러 날
을 지낸 후 우리가 떠나갈새 그들
이 다 그 처자와 함께 성문 밖까
지 전송하거늘 우리가 바닷가에
서 무릎을 꿇어 기도하고

6 서로 작별한 후 우리는 배에 오
르고 그들은 집으로 돌아가니라

21:8 일곱 집사 사도행전 6장 1-6절에 언급된 특별한 일을 위해 선택된 일곱 사람

사도행전 21:15－19

15 이 여러 날 후에 여
장을 꾸려 예루살렘으
로 올라갈새 16 가이사
랴의 몇 제자가 함께 가
며 한 오랜 제자 구브로
사람 나손을 데리고 가
니 이는 우리가 그의 집
에 머물려 함이라

바울이 야고보를 방문하다

17 예루살렘에 이르니 형제들
이 우리를 기꺼이 영접하거늘
18 그 이튿날 바울이 우리와 함
께 야고보에게로 들어가니 장
로들도 다 있더라

19 바울이 문안하고 하나
님이 자기의 사역으로 말
미암아 이방 가운데서 하
신 일을 낱낱이 말하니

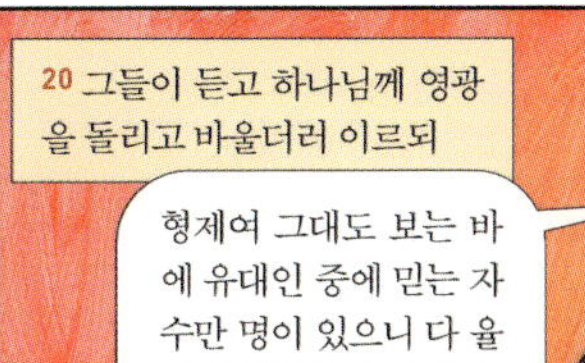

26 바울이 이 사람들을 데리고 이튿날 그들과 함께 결례를 행하고 성전에 들어가서 각 사람을 위하여 제사 드릴 때까지의 결례 기간이 만기된 것을 신고하니라

21:24 **결례** 유대인들이 나실인의 서원을 끝낼 때에 행했던 것
21:24 **머리를 깎게 하라** 유대인들은 그들의 서원이 끝났다는 것을 보여주기 위해 머리를 깎았다.

30 온 성이 소동하여 백성이 달려와 모여 바울을 잡아 성전 밖으
로 끌고 나가니 문들이 곧 닫히더라 31 그들이 그를 죽이려 할 때
에 온 예루살렘이 요란하다는 소문이 군대의 천부장에게 들리매

32 그가 급히 군인들과 백부
장들을 거느리고 달려 내려가
니 그들이 천부장과 군인들을
보고 바울 치기를 그치는지라

21:40 히브리 말 1세기 유대인들이 사용한 아람어

바울이 변명하다

22:3 **가말리엘** 유대인들의 한 종파인 바리새파의 저명한 선생(행 5:34 참조).

12 율법에 따라 경건
한 사람으로 거기 사
는 모든 유대인들에
게 칭찬을 듣는 아나
니아라 하는 이가 13
내게 와 곁에 서서 말
하되 형제 사울아 다
시 보라 하거늘 즉시
그를 쳐다보았노라

14 그가 또 이르되 우리 조상들의 하
나님이 너를 택하여 너로 하여금 자
기 뜻을 알게 하시며 그 의인을 보게
하시고 그 입에서 나오는 음성을 듣
게 하셨으니 15 네가 그를 위하여 모
든 사람 앞에서 네가 보고 들은 것에
증인이 되리라 16 이제는 왜 주저하
느냐 일어나 주의 이름을 불러 세례
를 받고 너의 죄를 씻으라 하더라

17 후에 내가 예루살렘으
로 돌아와서 성전에서 기
도할 때에 황홀한 중에 18
보매 주께서 내게 말씀하
시되 속히 예루살렘에서
나가라 그들은 네가 내게
대하여 증언하는 말을 듣
지 아니하리라 하시거늘
19 내가 말하기를 주님 내
가 주를 믿는 사람들을 가
두고 또 각 회당에서 때리
고 20 또 주의 증인 스데
반이 피를 흘릴 때에 내가
곁에 서서 찬성하고 그 죽
이는 사람들의 옷을 지킨
줄 그들도 아나이다

21 나더러 또 이르시되 떠나
가라 내가 너를 멀리 이방인
에게로 보내리라 하셨느니라

22:23 **옷을 벗어 던지고** 이것은 유대인들이 바울에게 매우 화가 났다는 것을 말해준다.
22:23 **티끌을 공중에 날리니** 이것은 훨씬 더 큰 분노를 말해준다.
22:25 **로마 시민 된 자** 로마의 법에 의하면, 로마 시민은 재판을 받기 전에 체벌할 수 없었다.

바울이 공회 앞에서 증언하다

23:2 아나니아 이 사람은 사도행전 22장 12절에 언급된 아나니아와 다른 사람이다.

6 바울이 그 중 일부는 사두개인이요 다른 일부
는 바리새인인 줄 알고 공회에서 외쳐 이르되
여러분 형제들아 나는 바리새인이요 또 바리새인의 아들이라 죽은 자의 소망 곧 부활로 말미암아 내가 심문을 받노라
7 그 말을 한즉 바리새인과
사두개인 사이에 다툼이 생
겨 무리가 나누어지니 8 이
는 사두개인은 부활도 없
고 천사도 없고 영도 없다
하고 바리새인은 다 있다
함이라 9 크게 떠들새 바
리새인 편에서 몇 서기관
이 일어나 다투어 이르되

우리가 이 사람을 보니 악한 것이 없도다 혹 영이나 혹 천사가 그에게 말하였으면 어찌 하겠느냐 하여
10 큰 분쟁이 생기니
천부장은 바울이 그
들에게 찢겨질까 하
여 군인을 명하여 내
려가 무리 가운데서
빼앗아 가지고 영내
로 들어가라 하니라

11 그 날 밤에 주
께서 바울 곁에
서서 이르시되
담대하라 네가 예루살렘에서 나의 일을 증언한 것 같이 로마에서도 증언하여야 하리라 하시니라

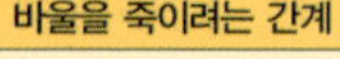

12 날이 새매 유대인들이 당을 지어 맹세하
되 바울을 죽이기 전에는 먹지도 아니하고
마시지도 아니하겠다 하고 13 이같이 동맹
한 자가 사십여 명이더라 14 대제사장들과
장로들에게 가서 말하되

우리가 바울을 죽이기 전에는 아무 것도 먹지 않기로
굳게 맹세하였으니 15 이제 너희는 그의 사실을 더 자
세히 물어보려는 척하면서 공회와 함께 천부장에게 청
하여 바울을 너희에게로 데리고 내려오게 하라 우리는
그가 가까이 오기 전에 죽이기로 준비하였노라 하더니

16 바울의 생질이 그들이 매복하
여 있다 함을 듣고 와서 영내에
들어가 바울에게 알린지라

17 바울이 한 백부장을 청하여 이르되

이 청년을 천부장에게로 인도하라
그에게 무슨 할 말이 있다 하니

18 천부장에게로 데리고 가서 이르되

죄수 바울이 나를 불러 이 청년 이 당신께 할 말이 있다 하여 데 리고 가기를 청하더이다 하매

19 천부장이 그의 손을 잡 고 물러가서 조용히 묻되

내게 할 말이 무엇이냐

사도행전 23:23-30

23 백부장 둘을 불러 이르되

밤 제 삼 시에 가이사랴까지 갈
보병 이백 명과 기병 칠십 명과
창병 이백 명을 준비하라 하고

24 또 바울을 태워 총독 벨릭
스에게로 무사히 보내기 위하
여 짐승을 준비하라 명하며

25 또 이 아래와 같이
편지하니 일렀으되

26 글라우디오 루시아는 총독 벨
릭스 각하께 문안하나이다 27 이
사람이 유대인들에게 잡혀 죽게
된 것을 내가 로마 사람인 줄 들
어 알고 군대를 거느리고 가서 구
원하여다가 28 유대인들이 무슨
일로 그를 고발하는지 알고자 하
여 그들의 공회로 데리고 내려갔
더니 29 고발하는 것이 그들의 율
법 문제에 관한 것뿐이요 한 가지
도 죽이거나 결박할 사유가 없음
을 발견하였나이다 30 그러나 이
사람을 해하려는 간계가 있다고
누가 내게 알려 주기로 곧 당신께
로 보내며 또 고발하는 사람들도
당신 앞에서 그에 대하여 말하라
하였나이다 하였더라

바울을 벨릭스 총독 앞에 세우다
31 보병이 명을 받은 대로 밤에
바울을 데리고 안디바드리에
이르러 32 이튿날 기병으로 바
울을 호송하게 하고 영내로 돌
아가니라 33 그들이 가이사랴
에 들어가서 편지를 총독에게
드리고 바울을 그 앞에 세우니
그레데
피난항
구브로
살라미
바보
지 중 해
시돈
두로
돌레마이
다메섹
가이사랴
안디바드리
예루살렘
사해
알렉산드리아
수리아

34 총독이 읽고 바울더
러 어느 영지 사람이냐
물어 길리기아 사람인
줄 알고 35 이르되
너를 고발하는 사람들이 오
거든 네 말을 들으리라 하고
헤롯 궁에 그를 지
키라 명하니라

24장
바울을 고발하다
1 닷새 후에 대제사장 아나니아가 어떤 장
로들과 한 변호사 더둘로와 함께 내려와서
총독 앞에서 바울을 고발하니라 2 바울을
부르매 더둘로가 고발하여 이르되
3 벨릭스 각하여 우리
가 당신을 힘입어 태
평을 누리고 또 이 민
족이 당신의 선견으로
말미암아 여러 가지로
개선된 것을 우리가
어느 모양으로나 어느
곳에서나 크게 감사하
나이다 4 당신을 더
괴롭게 아니하려 하여
우리가 대강 여짜옵나
니 관용하여 들으시기
를 원하나이다

24:6-8 일부 헬라어 사본들에서는 6절의 하반과 8절의 상반 사이에 "그래서 우리의 율법대로 재판하려고 했으나 (7절) 천부장 루시아가 와서 그를 우리 손에서 강제로 빼앗아 갔나이다 (8절) 그리고는 그를 고발하는 사람들에게 각하께 가라고 명하였나이다"라고 기록되어 있다.

14 그러나 이것을 당신께 고백하
리이다 나는 그들이 이단이라 하
는 도를 따라 조상의 하나님을 섬
기고 율법과 선지자들의 글에 기
록된 것을 다 믿으며 15 그들이
기다리는 바 하나님께 향한 소망
을 나도 가졌으니 곧 의인과 악인
의 부활이 있으리라 함이니이다

16 이것으로 말미암아
나도 하나님과 사람에
대하여 항상 양심에 거
리낌이 없기를 힘쓰나이
다 17 여러 해 만에 내가
내 민족을 구제할 것과
제물을 가지고 와서

18 드리는 중에 내가 결례를 행하였고
모임도 없고 소동도 없이 성전에 있는
것을 그들이 보았나이다 그러나 아시아
로부터 온 어떤 유대인들이 있었으니

19 그들이 만일 나를 반대할 사건이 있으면 마땅히 당신 앞에 와
서 고발하였을 것이요 20 그렇지 않으면 이 사람들이 내가 공회
앞에 섰을 때에 무슨 옳지 않은 것을 보았는가 말하라 하소서

21 오직 내가 그들 가운데
서서 외치기를 내가 죽은
자의 부활에 대하여 오늘
너희 앞에 심문을 받는다
고 한 이 한 소리만 있을
따름이니이다 하니

22 벨릭스가 이 도에 관한 것을 더 자
세히 아는 고로 연기하여 이르되

천부장 루시아가 내려오거든
너희 일을 처결하리라 하고

23 백부장에게 명하여 바울을 지키되 자유를 주고 그의
친구들이 그를 돌보아 주는 것을 금하지 말라 하니라

바울이 감옥에 갇혀 지내다

24 수일 후에 벨릭스가 그 아내 유
대 여자 드루실라와 함께 와서 바
울을 불러 그리스도 예수 믿는 도
를 듣거늘 25 바울이 의와 절제와
장차 오는 심판을 강론하니 벨릭
스가 두려워하여 대답하되

지금은 가라 내가
틈이 있으면 너를
부르리라 하고

26 동시에 또 바울에게서 돈
을 받을까 바라는 고로 더 자
주 불러 같이 이야기하더라
27 이태가 지난 후 보르기오
베스도가 벨릭스의 소임을
이어받으니 벨릭스가 유대
인의 마음을 얻고자 하여 바
울을 구류하여 두니라

25장

바울이 가이사에게 상소하다

1 베스도가 부임한
지 삼 일 후에 가이
사랴에서 예루살렘
으로 올라가니 2 대
제사장들과 유대인
중 높은 사람들이 바
울을 고소할새

3 베스도의 호의로 바울을 예루살
렘으로 옮기기를 청하니 이는 길
에 매복하였다가 그를 죽이고자
함이더라 4 베스도가 대답하여
바울이 가이사랴에 구류된 것과
자기도 멀지 않아 떠나갈 것을 말
하고 5 또 이르되

6 베스도가 그들 가운데서 팔 일 혹은 십 일을 지낸 후 가이사랴
로 내려가서 이튿날 재판 자리에 앉고 바울을 데려오라 명하니

7 그가 나오매 예루살렘에서 내려온 유대인들이 둘
러서서 여러 가지 중대한 사건으로 고발하되 능히
증거를 대지 못한지라 8 바울이 변명하여 이르되
유대인의 율법이나 성전이나 가이사에게나 내가 도무지 죄를 범하지 아니하였노라 하니
9 베스도가 유대인의 마음을 얻고자 하여 바울더러 묻되
네가 예루살렘에 올라가서 이 사건에 대하여 내 앞에서 심문을 받으려느냐

10 바울이 이르되
내가 가이사의 재판 자리 앞에 섰으니 마땅
히 거기서 심문을 받을 것이라 당신도 잘
아시는 바와 같이 내가 유대인들에게 불의
를 행한 일이 없나이다 11 만일 내가 불의
를 행하여 무슨 죽을 죄를 지었으면 죽기를
사양하지 아니할 것이나 만일 이 사람들이
나를 고발하는 것이 다 사실이 아니면 아무
도 나를 그들에게 내줄 수 없나이다

내가 가이사께 상소하노라 한대

12 베스도가 배석자들과 상의하고 이르되
네가 가이사에게 상소하였으니 가이사에게 갈 것이라 하니라

25:21 황제 당시 온 세상을 지배했다고 말할 수 있는 로마제국의 최고 통치자

22 아그립바
가 베스도에
게 이르되
나도 이 사람의 말을
듣고자 하노라
베스도가 이르되
내일 들으시리이다 하더라

23 이튿날 아그립바와 버니게
가 크게 위엄을 갖추고 와서
천부장들과 시중의 높은 사람
들과 함께 접견 장소에 들어오
고 베스도의 명으로 바울을 데
려오니 24 베스도가 말하되
아그립바 왕과 여기 같이 있는
여러분이여 당신들이 보는 이
사람은 유대의 모든 무리가 크
게 외치되 살려 두지 못할 사람
이라고 하여 예루살렘에서와 여
기서도 내게 청원하였으나

25 내가 살피건대 죽일 죄를 범한 일이 없더이다 그
러나 그가 황제에게 상소한 고로 보내기로 결정하
였나이다 26 그에 대하여 황제께 확실한 사실을 아
뢸 것이 없으므로 심문한 후 상소할 자료가 있을까
하여 당신들 앞 특히 아그립바 왕 당신 앞에 그를
내세웠나이다 27 그 죄목도 밝히지 아니하고 죄수
를 보내는 것이 무리한 일인 줄 아나이다 하였더라

1 아그립바가 바울에게 이르되
너를 위하여 말하기를 네게 허락하노라 하니
26장
바울이 변명하다
이에 바울이 손을 들어 변명하되

2 아그립바 왕이여 유대인이 고발하는 모든 일을 오늘 당신 앞에서 변명하게 된 것을 다행히 여기나이다 3 특히 당신이 유대인의 모든 풍속과 문제를 아심이니이다 그러므로 내 말을 너그러이 들으시기를 바라나이다
4 내가 처음부터 내 민족과 더불어 예루살렘에서 젊었을 때 생활한 상황을 유대인이 다 아는 바라

5 일찍부터 나를 알았으니 그들이 증언하려 하면 내가 우리 종교의 가장 엄한 파를 따라 바리새인의 생활을 하였다고 할 것이라 6 이제도 여기 서서 심문 받는 것은 하나님이 우리 조상에게 약속하신 것을 바라는 까닭이니
7 이 약속은 우리 열두 지파가 밤낮으로 간절히 하나님을 받들어 섬김으로 얻기를 바라는 바인데 아그립바 왕이여 이 소망으로 말미암아 내가 유대인들에게 고소를 당하는 것이니이다 8 당신들은 하나님이 죽은 사람을 살리심을 어찌하여 못 믿을 것으로 여기나이까

9 나도 나사렛 예수의 이름을 대적하
여 많은 일을 행하여야 될 줄 스스로
생각하고 10 예루살렘에서 이런 일을
행하여 대제사장들에게서 권한을 받
아 가지고 많은 성도를 옥에 가두며
또 죽일 때에 내가 찬성 투표를 하였
고 11 또 모든 회당에서 여러 번 형벌
하여 강제로 모독하는 말을 하게 하고

그들에 대하여 심히 격
분하여 외국 성에까지
가서 박해하였고 12 그
일로 대제사장들의 권
한과 위임을 받고 다메
섹으로 갔나이다 13 왕
이여 정오가 되어 길에
서 보니 하늘로부터

해보다 더 밝은 빛이 나와 내 동행들을
둘러 비추는지라 14 우리가 다 땅에 엎
드러지매 내가 소리를 들으니 히브리
말로 이르되 사울아 사울아 네가 어찌
하여 나를 박해하느냐 가시채를 뒷발
질하기가 네게 고생이니라 15 내가 대
답하되 주님 누구시니이까 주께서 이
르시되 나는 네가 박해하는 예수라

16 일어나 너의 발로 서라
내가 네게 나타난 것은 곧
네가 나를 본 일과 장차 내
가 네게 나타날 일에 너로
종과 증인을 삼으려 함이
니 17 이스라엘과 이방인
들에게서 내가 너를 구원
하여 그들에게 보내어

18 그 눈을 뜨게 하여 어둠에
서 빛으로, 사탄의 권세에서
하나님께로 돌아오게 하고
죄 사함과 나를 믿어 거룩하
게 된 무리 가운데서 기업을
얻게 하리라 하더이다

바울이 아그립바 왕에게 전도하다

30 왕과 총독과 버니게와 그 함께 앉은 사람들이 다 일어나서 31 물러가 서로 말하되
이 사람은 사형이나 결박을 당할 만한 행위가 없다 하더라
32 이에 아그립바가 베스도에게 이르되
이 사람이 만일 가이사에게 상소하지 아니하였더라면 석방될 수 있을 뻔하였다 하니라

27장
바울이 로마로 압송되다
1 우리가 배를 타고 이달리야에 가기로 작정되매 바울과 다른 죄수 몇 사람을 아구스도대의 백부장 율리오란 사람에게 맡기니
2 아시아 해변 각처로 가려 하는 아드라뭇데노 배에 우리가 올라 항해할새 마게도냐의 데살로니가 사람 아리스다고도 함께 하니라

3 이튿날 시돈에 대니 율리오가 바울을 친절히 대하여 친구들에게 가서 대접 받기를 허락하더니 4 또 거기서 우리가 떠나가다가 맞바람을 피하여 구브로 해안을 의지하고 항해하여

5 길리기아와 밤빌리아 바다를 건너 루기아
의 무라 시에 이르러 6 거기서 백부장이 이
달리야로 가려 하는 알렉산드리아 배를 만
나 우리를 오르게 하니 7 배가 더디 가 여러
날 만에 간신히 니도 맞은편에 이르러 풍세
가 더 허락하지 아니하므로 살모네 앞을 지
나 그레데 해안을 바람막이로 항해하여

바울이 그들을 권하여 10 말하되

27:9 **금식하는 절기** 가을(9,10월경)에 유대인들이 지켰던 절기. 일 년 중 그 즈음에는 바다에서 거센 폭풍이 일어났다.

12 그 항구가 겨울을 지내기
에 불편하므로 거기서 떠나
아무쪼록 뵈닉스에 가서 겨
울을 지내자 하는 자가 더
많으니 뵈닉스는 그레데 항
구라 한쪽은 서남을, 한쪽은
서북을 향하였더라

13 남풍이 순하게 불매 그들이 뜻을 이룬 줄 알고 닻을 감
아 그레데 해변을 끼고 항해하더니 14 얼마 안 되어 섬 가
운데로부터 유라굴로라는 광풍이 크게 일어나니

15 배가 밀려 바람을 맞추어 갈 수 없
어 가는 대로 두고 쫓겨가다가 16 가
우다라는 작은 섬 아래로 지나 간신
히 거루를 잡아

그레데
가우다
피난항

17 끌어 올리고 줄을 가지고 선체를 둘
러 감고 스르디스• 에 걸릴까 두려워
하여 연장을 내리고 그냥 쫓겨가더니

27:17 **스르디스** 리비아 해안 근처의 수심이 얕은 해역

18 우리가 풍랑으로 심히 애쓰다가 이튿날 사공들이 짐을 바다에 풀어 버리고 19 사흘째 되는 날에 배의 기구를 그들의 손으로 내버리니라
20 여러 날 동안 해도 별도 보이지 아니하고 큰 풍랑이 그대로 있으매 구원의 여망마저 없어졌더라
21 여러 사람이 오래 먹지 못하였으매 바울이 가운데 서서 말하되
여러분이여 내 말을 듣고 그레데에서 떠나지 아니하여 이 타격과 손상을 면하였더라면 좋을 뻔하였느니라 22 내가 너희를 권하노니 이제는 안심하라 너희 중 아무도 생명에는 아무런 손상이 없겠고 오직 배뿐이리라

27:27 아드리아 바다 헬라와 이탈리아 사이의 바다로서 지중해의 중심부를 포함한다.

30 사공들이 도망하고자 하여 이물에서 닻을
내리는 체하고 거룻배를 바다에 내려 놓거늘
31 바울이 백부장과 군인들에게 이르되

이 사람들이 배에 있지 아니하면
너희가 구원을 얻지 못하리라 하니

32 이에 군인들이 거룻줄을
끊어 떼어 버리니라

38 배부르게 먹고 밀을 바다에
버려 배를 가볍게 하였더니

39 날이 새매 어느 땅인지 알지 못
하나 경사진 해안으로 된 항만이
눈에 띄거늘 배를 거기에 들여다
댈 수 있는가 의논한 후 40 닻을
끊어 바다에 버리는 동시에 키를
풀어 늦추고 돛을 달고 바람에 맞
추어 해안을 향하여 들어가다가

41 두 물이 합하여 흐르는 곳을
만나 배를 걸매 이물은 부딪쳐
움직일 수 없이 붙고 고물은 큰
물결에 깨어져 가니 42 군인들
은 죄수가 헤엄쳐서 도망할까 하
여 그들을 죽이는 것이 좋다 하
였으나 43 백부장이 바울을 구
원하려 하여 그들의 뜻을 막고
헤엄칠 줄 아는 사람들을 명하여
물에 뛰어내려 먼저 육지에 나가
게 하고 44 그 남은 사람들은 널
조각 혹은 배 물건에 의지하여
나가게 하니 마침내 사람들이 다
상륙하여 구조되니라

28장

멜리데 섬에 오르다

1 우리가 구조된 후에 안즉 그 섬은 멜리데라 하더
라 2 비가 오고 날이 차매 원주민들이 우리에게 특
별한 동정을 하여 불을 피워 우리를 다 영접하더라

28:4 공의 원주민들은 악한 사람들을 처벌하는 '공의'라는 이름의 신이 있다고 믿었다.

28:8 이질 설사와 비슷한 병

바울이 로마로 가다

11 석 달 후에 우리가 그 섬
에서 겨울을 난 알렉산드리
아 배를 타고 떠나니 그 배
의 머리 장식은 디오스구로•
라 12 수라구사에 대고 사
흘을 있다가 13 거기서 둘러
가서 레기온에 이르러 하루
를 지낸 후 남풍이 일어나므
로 이튿날 보디올에 이르러

14 거기서 형제들을 만나 그들의
청함을 받아 이레를 함께 머무니
라 그래서 우리는 이와 같이 로마
로 가니라 15 그 곳 형제들이 우리
소식을 듣고 압비오 광장•과 트레
이스 타베르네•까지 맞으러 오니

바울이 그들을 보고 하나님께 감
사하고 담대한 마음을 얻으니라

바울이 로마에서 전도하다

16 우리가 로마에 들
어가니 바울에게는
자기를 지키는 한
군인과 함께 따로
있게 허락하더라

28:11 **디오스구로** 그리스신화에 나오는 카스토르와 폴룩스의 상(像)
28:15 **압비오 광장** 로마에서 약 43킬로미터 떨어진 곳에 있었다.
28:15 **트레이스 타베르네** 로마에서 약 48킬로미터 떨어진 곳에 있었다.

17 사흘 후에 바울이 유대인 중 높은 사람들을 청하여 그들이 모인 후에 이르되
여러분 형제들아 내가 이스라엘 백성이나 우리 조상의 관습을 배척한 일이 없는데 예루살렘에서 로마인의 손에 죄수로 내준 바 되었으니 18 로마인은 나를 심문하여 죽일 죄목이 없으므로 석방하려 하였으나

19 유대인들이 반대하기로 내가 마지 못하여 가이사에게 상소함이요 내 민족을 고발하려는 것이 아니니라

20 이러므로 너희를 보고 함께 이야기하려고 청하였으니 이스라엘의 소망으로 말미암아 내가 이 쇠사슬에 매인 바 되었노라

21 그들이 이르되
우리가 유대에서 네게 대한 편지도 받은 일이 없고 또 형제 중 누가 와서 네게 대하여 좋지 못한 것을 전하든지 이야기한 일도 없느니라

22 이에 우리가 너의 사상이 어떠한가 듣고자 하니 이 파에 대하여는 어디서든지 반대를 받는 줄 알기 때문이라 하더라

23 그들이 날짜를 정하고 그가 유숙
하는 집에 많이 오니 바울이 아침
부터 저녁까지 강론하여 하나님의
나라를 증언하고 모세의 율법과 선
지자의 말을 가지고 예수에 대하여
권하더라 24 그 말을 믿는 사람도
있고 믿지 아니하는 사람도 있어
25 서로 맞지 아니하여 흩어질 때에
바울이 한 말로 이르되 성령이 선
지자 이사야를 통하여 너희 조상들
에게 말씀하신 것이 옳도다

26 일렀으되 이 백성에게 가서 말하기를

너희가 듣기는 들어도 도무지 깨닫
지 못하며 보기는 보아도 도무지 알
지 못하는도다 27 이 백성들의 마
음이 우둔하여져서 그 귀로는 둔하
게 듣고 그 눈은 감았으니 이는 눈
으로 보고 귀로 듣고 마음으로 깨달
아 돌아오면 내가 고쳐 줄까 함이라
하였으니 사 6:9,10

28 그런즉 하나님의 이 구원이
이방인에게로 보내어진 줄 알라
그들은 그것을 들으리라 하더라

29 (없음)•

28:29 일부 헬라어 사본들에는 "그가 이 말을 마칠 때에 유대인들이 서로 큰 쟁론을 하며 물러가더라" 라고 기록되어 있다.

카툰성경 사도행전

초판 1쇄 발행 2017년 5월 26일

그린이 키이스 닐리, 데이비드 마일즈

펴낸이 여진구
책임편집 안수경, 최현수
편집 김아진, 이영주
책임디자인 이혜영, 마영애, 노지현
기획 · 홍보 김영하
마케팅 김상순, 강성민, 허병용
제작 조영석, 정도봉
해외저작권 기은혜
마케팅지원 최영배, 정나영
경영지원 김혜경, 김경희

이슬비전도학교 최경식, 전우순
303비전성경암송학교 박정숙
303비전장학회 & 303비전꿈나무장학회 여운학

펴낸곳 규장

주소 06770 서울시 서초구 매헌로 16길 20(양재2동) 규장선교센터
전화 02)578-0003 팩스 02)578-7332
이메일 kyujang0691@gmail.com 홈페이지 www.kyujang.com
트위터 twitter.com/_kyujang 페이스북 facebook.com/kyujangbook
등록일 1978.8.14. 제1-22

책값 뒤표지에 있습니다.
ISBN 978-89-6097-605-4 04230
978-89-6097-600-9 (세트)

규 | 장 | 수 | 칙

1. 기도로 기획하고 기도로 제작한다.
2. 오직 그리스도의 성품을 사모하는 독자가 원하고 필요로 하는 책만을 출판한다.
3. 한 활자 한 문장에 온 정성을 쏟는다.
4. 성실과 정확을 생명으로 삼고 일한다.
5. 긍정적이며 적극적인 신앙과 신행일치에의 안내자의 사명을 다한다.
6. 충고와 조언을 항상 감사로 경청한다.
7. 지상목표는 문서선교에 있다.

하나님을 사랑하는 자 곧 그의 뜻대로 부르심을 입은 자들에게는 모든 것이 合力하여 善을 이루느니라(롬 8:28)

규장은 문서를 통해 복음전파와 신앙교육에 주력하는 국제적 출판사들의 협의체인 복음주의출판협회(E.C.P.A:Evangelical Christian Publishers Association)의 출판정신에 동참하는 회원(Associate Member)입니다.